Chefsache Intuition

EBOOK INSIDE

Die Zugangsinformationen zum eBook Inside finden Sie am Ende des Buchs.

Peter Simon Fenkart

Chefsache Intuition

Besser managen, beurteilen und
entscheiden durch intuitive Kompetenz

Peter Simon Fenkart
phaenomenal.tv Ltd.
Stuttgart, Deutschland

ISBN 978-3-658-14446-3   ISBN 978-3-658-14447-0 (eBook)
https://doi.org/10.1007/978-3-658-14447-0

Die Deutsche Nationalbibliothek verzeichnet diese Publikation in der Deutschen Nationalbibliografie; detaillierte bibliografische Daten sind im Internet über http://dnb.d-nb.de abrufbar.

Springer Gabler
© Springer Fachmedien Wiesbaden GmbH 2018
Das Werk einschließlich aller seiner Teile ist urheberrechtlich geschützt. Jede Verwertung, die nicht ausdrücklich vom Urheberrechtsgesetz zugelassen ist, bedarf der vorherigen Zustimmung des Verlags. Das gilt insbesondere für Vervielfältigungen, Bearbeitungen, Übersetzungen, Mikroverfilmungen und die Einspeicherung und Verarbeitung in elektronischen Systemen.
Die Wiedergabe von Gebrauchsnamen, Handelsnamen, Warenbezeichnungen usw. in diesem Werk berechtigt auch ohne besondere Kennzeichnung nicht zu der Annahme, dass solche Namen im Sinne der Warenzeichen- und Markenschutz-Gesetzgebung als frei zu betrachten wären und daher von jedermann benutzt werden dürften.
Der Verlag, die Autoren und die Herausgeber gehen davon aus, dass die Angaben und Informationen in diesem Werk zum Zeitpunkt der Veröffentlichung vollständig und korrekt sind. Weder der Verlag noch die Autoren oder die Herausgeber übernehmen, ausdrücklich oder implizit, Gewähr für den Inhalt des Werkes, etwaige Fehler oder Äußerungen. Der Verlag bleibt im Hinblick auf geografische Zuordnungen und Gebietsbezeichnungen in veröffentlichten Karten und Institutionsadressen neutral.

Einbandabbildung: fotolia.de

Gedruckt auf säurefreiem und chlorfrei gebleichtem Papier

Springer Gabler ist Teil von Springer Nature
Die eingetragene Gesellschaft ist Springer Fachmedien Wiesbaden GmbH
Die Anschrift der Gesellschaft ist: Abraham-Lincoln-Str. 46, 65189 Wiesbaden, Germany

Geleitwort

Wie Intuition mir das Leben rettete!

Es ist schwer zu definieren, obwohl es in unserem täglichen Leben bewusst und unbewusst eine große Rolle spielt. Was ist Intuition? Selbst Steve Jobs sagte: Die Intuition ist mächtiger, als der Verstand. Oft nennt man Intuition auch das Bauchgefühl und sind wir doch mal ehrlich, jeder von uns hatte doch schon mal ein Bauchgefühl – dieses unbewusste Wissen, das uns treibt oder aufhält, etwas zu tun oder etwas nicht zu tun, ohne genau zu wissen, warum und auf welche Weise wir es tun oder lassen sollten.

Bereits seit Jahrhunderten beschäftigen sich Philosophen und Psychologen mit der Frage, wie funktioniert Intuition? Aber so richtig erklären konnte das aus meiner Sicht bis heute noch niemand. Eigentlich ist es ein Wissen ohne es zu wissen. Eine Art Denken ohne Logik und Analyse. Es ist einfach immer da und man kann sich nicht erklären warum. Und mal ehrlich, ab und zu hören wir sogar auf die Intuition. Obwohl uns die Logik, der Verstand, die Zahlen, Daten und Fakten eigentlich vorgeben, wie wir zu entscheiden oder was wir zu tun haben, entscheiden wir Menschen oft anders, wir hören und beachten unsere Intuition ohne faktisch zu wissen, warum.

Als Peter Fenkart mich fragte, ob ich das Geleitwort zu *Chefsache Intuition* schreiben möchte, sagte ich ohne zu zögern ja. Denn ich verdanke der Intuition, meiner Intuition, mein Leben. Es ist mittlerweile über 30 Jahre her, aber ich erinnere mich an diesen Vorfall, als ob es gestern gewesen wäre. Ich hatte gerade meine Ausbildung als Energieanlagenelektroniker als Zweitbester in der Region Schwarzwald/Bodensee mit der Note 1,2 beendet. Ich wusste zu diesem Zeitpunkt also alles über Strom, Elektrizität und somit auch über deren Gefahren. Zusammen mit meinem Elektromeister sollten wir eine Hochspannungsanlage in einem Chemiewerk außer Betrieb nehmen und zur Demontage vorbereiten. Ich griff zum Schraubenschlüssel und wollte die Stromkabel der Anlage, die mit 500 Volt Starkstrom lief, unterhalb des Sicherungskastens abmontieren. Vor meinen Augen war der Sicherungskasten. Die Sicherungen waren alle gezogen, somit konnte unterhalb des Sicherungskastens kein Strom mehr auf den Stromkabeln sein. Es gibt eine Regel in der Elektrotechnik, die besagt, dass die Stromzuführung zum Sicherungskasten immer von oben erfolgen muss. Zieht man dann die Sicherung, ist unterhalb des Sicherungskastens kein Strom mehr. So die Vorschrift.

In dem Moment, als ich mit dem eisernen Schraubenschlüssel an das Stromkabel ansetzen wollte, sagte eine innere Stimme zu mir: „Ist das das richtige Kabel? Prüfe es noch einmal nach." Ich weiß nicht, woher diese Stimme kam. Zuerst ignorierte ich diese Stimme, denn meinem Verstand war ja klar, hier konnte kein Strom mehr drauf sein und ja, es ist das richtige Stromkabel. Das hatte ich überprüft. Aber meine Stimme ließ mich nicht los. „Überprüfe dieses Kabel noch einmal". Ich haderte, gab dann aber der inneren Stimme nach. Ich legte den eisernen Schraubenschlüssel zur Seite und nahm eine mit Kunststoff ummantelte Messeinrichtung aus der Werkzeugkiste. Auf zum Stromkabel und „Bang". Wenige Zentimeter, bevor das Messgerät das Kabel berührte, kam es zum Funkenüberschlag, das Messgerät explodierte vor meinen Augen, es ging in Rauch auf. Die nächsten Hauptsicherungen flogen. Mir wurde schwarz vor Augen. Aufgewacht bin ich ca. 30 min später beim werksärztlichen Dienst des Chemiewerks. Überall an meinem Körper hingen elektrische Sonden. Ein EKG wurde geschrieben und ich wurde überwacht. Glücklicherweise hatte ich nur leichte Verbrennungen und einen Schock. Mein Herz und mein Kreislauf waren in Ordnung.

Im Nachgang wurde der Fall natürlich von der Werkssicherheit und Elektrofachkräften überprüft. Als Ergebnis kam heraus, dass bei dieser Stromverteilung die Zuleitung nicht von oben, sondern von unten zugeführt wurde. Ein Verstoß gegen gesetzliche Richtlinien. Natürlich bekam auch ich eine Abmahnung, denn ich hatte angesichts meines Wissens über Strom die dritte Sicherheitsregel leichtsinnig außer Acht gelassen – Spannungsfreiheit feststellen. Angesichts meines Wissens wurde ich zu leichtsinnig und hätte damit fast mit meinem Leben bezahlt.

Daher lade ich Sie, liebe Leserinnen und Leser, nun ein, offen und interessiert an Peter Fenkarts *Chefsache Intuition* teilzuhaben. Er führt Sie in die Grundlagen der intuitiven Kompetenz ein und zeigt Schnittstellen zur Wissenschaft auf. Er zeigt, welche Rolle Emotionen und Gefühle spielen. Praxisbeispiele machen das Buch besonders lesenswert. Vielleicht rettet Intuition auch Ihnen das Leben.

Ich wünsche Peter Fenkart viel Erfolg mit *Chefsache Intuition*.

Ihr Peter Buchenau

Deutschlands Chefsache-Ratgeber (Abb. 1)

Abb. 1. Peter Buchenau moderiert Chefsache Talk. (Bild: Michael M. Roth, micialmedia.de)

Inhaltsverzeichnis

1 Willkommen im unentdeckten Land! 1
    1.1   Warum sollten Sie dieses Buch lesen? 1
    1.2   Der 10 %-Mythos 3
    1.3   Neurowissenschaft und Lernpsychologie 5
    1.4   Rückständigkeit in unserer modernen Welt 7
    1.5   Der Ursache auf der Spur 8
    1.6   Die Gefahren der Halbhirnnutzung 10
    1.7   Druck im Kessel 13
    1.8   Professionelle Anforderungen an Intuition 15
    Literatur 19

2 Der Intuition auf der Spur 21
    2.1   Antike Spuren der Intuition 22
    2.2   Intuition als Begriff aus der Ergonomie 24
    2.3   Intuition und das Unbewusste 26
    2.4   Was sagt die Wissenschaft zum Thema Intuition? 27
    2.5   Mein Weg zur Intuition 30
    2.6   Intuition als Sinneskanal? 32
    2.7   Das Erwachen und Einschlafen der Intuition 37
    2.8   Wo findet Intuition Platz in unserer Welt? 38
    2.9   Fallbeispiel: Mesmerismus 39
    Literatur 41

3 Parade der Paradigmen 43
    3.1   Wissen wir oder glauben wir nur? 44
    3.2   Paradigma: Die Gedanken sind frei 46
    3.3   Paradigma: Verstand als Maßstab aller Dinge 48
    3.4   Paradigma: Rationale Entscheidungen 50
    3.5   Paradigma: Wir bilden uns eine Meinung 52

3.6	Paradigma: Die Wissenschaft als Instrument der Wahrheit		53
	3.6.1	Wissenschaft ist relativ	54
	3.6.2	Grenzen der Wissenschaft	57
	3.6.3	Vorschlag für den Umgang mit der Wissenschaft	61
3.7	Vorschläge zum Umgang mit Paradigmen		62
	3.7.1	Mit Maximen zur Vollkommenheit	64
	3.7.2	Die Maxime der relativen Wahrheit	67
	3.7.3	Die Maxime der agilen Wahrheiten und Meinungen	67
	3.7.4	Die Maxime vom Verzicht auf unnötige Erklärungen	68
Literatur			69

4 Emotion als Fundament der Intuition ... 71
    4.1 Paradigma von der Emotionalen Kontrolle ... 72
    4.2 Störende Gefühle ... 73
    4.3 Emotionale Trigger ... 79
    4.4 Sixpack statt Wutfass ... 81
    4.5 Streberkind ... 84
    4.6 Lesen lernen ... 87
    4.7 Emotionale Kompetenz ... 87
    Literatur ... 88

5 Intuitive Kompetenz ... 89
    5.1 Heller sehen? ... 89
    5.2 Wahrnehmungsfilter ... 90
    5.3 Das Leben mit Pausentaste und schnellem Vorlauf ... 91
    5.4 Intuition ist nicht das Bauchgefühl ... 94
        5.4.1 Der Verwalter (Manager) ... 95
        5.4.2 Der Hausmeister (Macher) ... 97
        5.4.3 Der Eigner ... 98
    5.5 Unterschied zwischen Intuitionstechniken und Mentaltechniken ... 99
    Literatur ... 102

6 Intuition in der Praxis ... 103
    6.1 Grundlegende Annahmen ... 103
    6.2 Ziele der Intuitionsarbeit ... 104
    6.3 Methoden der Intuitionsarbeit ... 105
    6.4 Intuition nach dem Serendipitätsprinzip ... 107
    6.5 Einzelbeispiel für Intuitionsarbeit ... 108
    Literatur ... 109

7 Ausblick der Intuitiven Kompetenz ... 111
    7.1 Wie würde sich die Gesellschaft verändern? ... 111
    7.2 Was könnte Intuition für Sie bedeuten? ... 113
    7.3 Schlussbemerkung ... 113

Über den Initiator der Chefsache-Reihe ... 115

Über den Autor

Peter Simon Fenkart. (Foto: Nina Weymann)

Peter Simon Fenkart war schon sehr früh von dem Phänomen intuitiver Wahrnehmung fasziniert. Er setzte sich das Ziel, das noch weithin unbekannte Thema zu durchdringen, es nachvollziehbar und buchstäblich begreifbar zu machen. Bereits in jungen Jahren erhielt er einen Sonderpreis für einen Beitrag zur Zukunft der Europäischen Union.

Heute verfügt er über bewährte Werkzeuge zur Arbeit mit der Intuition, um damit eigene Ziele wirksamer bestimmen und Entscheidungen zuverlässiger treffen zu können, als beispielsweise mit dem Verstand allein. Er zeigt, dass der Zugriff auf intuitive Fähigkeiten erlernbar ist, verbunden mit einer enormen Steigerung der Kreativität, der Lösungskompetenz und der Entscheidungssicherheit. So lassen sich geschäftliche und private Herausforderungen souveräner und erfolgreicher meistern. Dies gilt für die kleinen täglichen Fragen und Anforderungen, bis hin zu lebensverändernden Maßnahmen.

Peter Simon Fenkart begreift Intuition auch als Fähigkeit, komplexe Sachverhalte umfassend zu durchdringen, kritische Faktoren zu erkennen und gedankliche Grenzen zu überwinden. In seinen Vorträgen inspiriert er Menschen, die üblichen Annahmen und Glaubenssätze zu hinterfragen und der scheinbaren Armut an Alternativen erfolgreich zu entkommen.

Peter Simon Fenkart begleitet Menschen bei der Entfaltung ihres Potenzials und dem Wachstum ihrer Persönlichkeit. Oft geht es zunächst um innere Veränderung, um die

Möglichkeiten in einer bestehenden Konstellation zu entdecken und zu schöpfen. Damit wird das gegenwärtige Tun in Erfolg und Wachstum gewandelt. Neue Aufgaben und Möglichkeiten stellen sich dann wie von selbst ein.

Auf der Website von Peter Simon Fenkart finden Sie weiterführende Angebote:

http://fenkart.training

Willkommen im unentdeckten Land!

1.1 Warum sollten Sie dieses Buch lesen?

Dieses Buch wendet sich an Chefs. Ob Unternehmer, Führungskraft oder Privatperson: Sie sind immer Chef ihres eigenen Lebens, oder sollten es zumindest sein. Darüber hinaus haben Sie auch stets Personalverantwortung, jedenfalls in den Fällen, in denen Sie mit anderen Menschen zu tun haben. Und das geschieht ständig, sofern Sie sich nicht in einer Einsiedelei eingegraben haben. Falls Sie es ablehnen, Chef zu sein, in einer dieser beschriebenen Weise, dann lesen Sie statt diesem Buch lieber einen Roman.

Sie haben dieses Buch erworben und es zumindest aufgeschlagen. Nun entscheidet sich, ob Sie dieses Buch bis zum Ende lesen, ob es im Regal verstaubt oder weiterverschenkt wird. Warum sollten Sie für dieses Buch wertvolle Lebenszeit investieren?

Sie sind bereits gut ausgebildet. Davon bin ich überzeugt. Schließlich sind Sie kein Analphabet, eine Aussage, die sich beweist, während Sie diesen Text lesen. Ich kann zusätzlich davon ausgehen, dass Sie die Schule recht gut überstanden haben. Sehr wahrscheinlich haben Sie auch eine Berufsausbildung oder ein Studium absolviert. Vielleicht konnten Sie sogar einen Doktortitel erwerben und sind mir damit, akademisch betrachtet, überlegen.

Wir können uns sicherlich schnell darauf einigen, dass Lesen und Schreiben, etwas Allgemeinbildung und vielleicht die eine oder andere Fremdsprache sich im Leben, mehr oder weniger, als nützlich erweisen. Doch was ist mit den anderen Fähigkeiten, die dringend erforderlich sind, um den Alltag einigermaßen unbeschadet zu überstehen, geschweige denn erfolgreich zu sein? Was ist mit der Fähigkeit, sich den täglichen Herausforderungen zu stellen, mit Menschen umzugehen, oder auch nur eine Beziehung zu führen?

Treten wir einen Schritt zurück: Wie haben Sie gelernt, mit sich selbst auszukommen, mit den eigenen Emotionen und Bedürfnissen? Was ist mit Ihrer persönlichen Sinnfindung, die mit steigendem Alter immer wichtiger wird?

Menschen lernen heutzutage viel eher, andere Menschen zu führen, Vorgesetzte zu sein, als sich selbst zu managen. Dabei ist die eigene Entwicklung, die Fähigkeit sich selbst zu führen, Grundlage für jede erfolgreiche Führung.

Um dieses Buch zu lesen und zu verstehen, oder überhaupt zu erkennen, dass es Ihnen Nutzen bringen kann, müssen Sie bereits über Fähigkeiten verfügen, die man nur als außergewöhnlich bezeichnen kann. Beispielsweise die Fähigkeit zur Selbstreflexion, eine nach meiner Beobachtung immer seltener zu findende Eigenschaft. Ich nehme weiter an, dass Sie all diese herausragenden Kompetenzen nicht in Schule, Ausbildung und Studium gelehrt bekommen haben.

Woher haben wir diese immense menschliche Erfahrung, die uns als Person ausmacht? Wir können diesen Wert nicht genug schätzen, möchten als selbstkritische Menschen trotzdem diese Werte mehren. Aber wie?

Vielleicht haben Sie schon das eine oder andere Persönlichkeitstraining absolviert und als hilfreich empfunden. Dennoch waren Sie in grundlegenden Entwicklungsschritten Ihres Lebens auf sich selbst angewiesen. Vielfach höre ich die Antwort: „Mich hat in entscheidenden Belangen die Schule des Lebens ausgebildet", wodurch sich die betreffende Person als Autodidakt zu erkennen gibt, notgedrungen die häufigste Ausbildungsform in unserem Leben.

In der Tat müssen wir feststellen, dass wir uns die meisten wirklich wichtigen Fähigkeiten in diesem Leben selbst beigebracht haben. Denken Sie beispielsweise an die ersten zarten Versuche einer Beziehungsanbahnung, das erste Kennenlernen, die erste romantische Verabredung. Sind Sie durch die durchlebten Ausbildungsjahre auch nur ansatzweise darauf vorbereitet worden? Haben Sie für diese Momente ein spezielles Training absolviert oder einen Coach beauftragt? Oder waren Sie weitestgehend sich selbst überlassen?

Der buchstäblich erste autodidaktische Schritt in unserem Leben war, aufzustehen und laufen zu lernen. So ganz nebenher haben wir dann unsere erste Sprache erworben, die Muttersprache. Dabei haben wir eine erstaunliche Kombinationsgabe offenbart, die jeden Sherlock Holmes auf die hinteren Ränge verweist. Wir haben die zunächst unverständlichen Laute sinnvoll geordnet, bis wir sie verstanden hatten und schließlich selbst bilden und erfolgreich anwenden konnten. Im Vergleich dazu erscheint all das, was wir danach gelernt haben, als sehr, sehr viel einfacher.

Das Erlernen dieser grundlegenden Fähigkeiten haben wir ganz selbst, ganz intuitiv(!) bewältigt. Warum haben wir aufgehört, auf diese Weise zu lernen? Warum sollte es nicht möglich sein, weiterhin intuitiv zu lernen und sich zu entwickeln?

Die Antwort ist niederschmetternd: Weil wir es anders beigebracht bekamen! Bedauerlicherweise waren Kindergarten, Schule und Ausbildung oder Studium nicht auf diesem Prinzip der Intuition aufgebaut, obwohl sie sich seit Anbeginn der Menschheit ausgezeichnet bewährt hat. Der Verstand, ursprünglich ein Werkzeug, übernahm die Führung und trat anstelle der Intuition. Dadurch entstand der institutionalisierte Ausbildungsweg, verkopft und dadurch sehr viel schwerer beschreitbar und mit unsäglicher Mühe verbunden. Als Kleinkind vermochten wir noch sichtlich mühelos und mit unnachahmlicher Begeisterung zu lernen.

Seit der Kindheit haben wir ein zunehmend einseitiges, ein verstandeslastiges Leben geführt. So sind wir allmählich zu Riesen des Intellekts mutiert, vollgestopft mit Wissen, das uns, praktisch gesehen, wenig nützt. Wir fühlen uns gebildet, scheitern aber an den einfachsten Dingen, wie der Partnerschaft.

Emotional und intuitiv blieben wir Zwerge, mit einem Verlust an Fähigkeiten, die wir uns kaum noch vorstellen können. Oft wissen wir nicht einmal, wozu Emotionen und Intuition überhaupt nützlich sind. Es scheint vielen so, als ob der Verstand – und der Verstand allein – der Maßstab aller Dinge und das universale Heilmittel für alle Situationen wäre. Das ist trügerisch.

Viel zu wenige Menschen haben die richtige Nase und das richtige Bauchgefühl, um herausragende Chancen erkennen und wahrnehmen zu können. Die meisten erfolgreichen Menschen verfügen schon über eine einigermaßen brauchbare Intuition. Überaus erfolgreiche Menschen konnten sich nur entwickeln, weil sie über überragende intuitive Fähigkeiten verfügten und in entscheidenden Momenten darauf vertrauten. Falls Sie Biografien erfolgreicher Menschen lesen, wissen Sie genau, was ich meine. Manchmal genügen wenige, großartige Geistesblitze, um das Leben vollkommen zu verändern. Kennen Sie einen Selfmade-Milliardär, der seinen Erfolg nicht einem besonderen Geistesblitz verdankt, oder der nicht über ein unglaubliches Gespür in seinem Bereich verfügt? Gespür und Geistesblitze sind Früchte der Intuition.

Intuition ist ein zu wichtiger Erfolgsfaktor, um ihn dem Zufall oder besonders einschneidenden Lebensumständen zu überlassen. Ein Training ist umso wirkungsvoller, je mehr es Bereiche trainiert, die zwar erfolgsentscheidend sind, doch noch größtenteils unausgebildet und untrainiert. Die Intuition ist so ein weitgehend unentdecktes und unerschlossenes Land.

Sie halten ein Buch in den Händen, das sich genau diesem Bereich widmet, in dem Sie bereits mit geringem Aufwand sehr große Ergebnisse und Verbesserungen erzielen können. Falls Sie nicht über unbegrenzte Zeit und Motivation verfügen, könnte dies ein äußerst ökonomischer Ansatz sein, die eigene Erfolgskompetenz zu mehren, und zwar entscheidend.

Es liegt an Ihnen, diesen Geheimtipp, diesen Vorteil zu nutzen und Fähigkeiten aufzubauen, die noch so gut wie keine Verbreitung gefunden haben. Stellen Sie sich vor, welchen Vorsprung, welches Potenzial, welche Möglichkeiten sich dadurch für Sie erschließen! Die Zeit, die Sie in das Lesen dieses Buches investieren, wird daher gut angelegt sein.

Wo sich dieses gewaltige Potenzial verbergen könnte, von dem ich hier schreibe, enthüllt sich ab dem nächsten Abschn. 1.2.

1.2 Der 10 %-Mythos

Stimmt es, dass wir nur etwa 10 % unserer Gehirnkapazität nutzen? Dass wir so einen gewaltig großen Teil unseres menschlichen Potenzials vergeuden? Eine faszinierende Vision, in Büchern und Filmen ausgemalt: Einfach eine Pille einwerfen und – Wow! – die Heldin oder der Held werden in unglaubliche Verstandeshöhe katapultiert (Abb. 1.1). Sie haben

Abb. 1.1 Die Pille zur Erhöhung der Gehirnleistung?

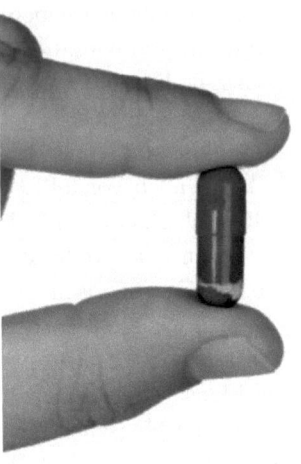

dann nicht nur den grenzenlosen Durchblick, sondern wahre Superkräfte: mit Gedanken Dinge bewegen, Menschen stark beeindrucken und beeinflussen, das eigene Leben endlich in den Griff bekommen und zur vollen Blüte entfalten, kurz: das Universalheilmittel für alle gegenwärtigen Missstände und Beschränkungen.

Wenn der Intelligenzquotient des Durchschnittsmenschen heute etwa 100 beträgt und er dabei, rein hypothetisch, nur 10 % seiner Kapazität ausschöpft, wäre dann ein IQ von 1000 erreichbar? Wäre das überhaupt wünschenswert, oder liegen wesentliche Verbesserungsmöglichkeiten nicht eher in anderen Bereichen? Der Intuitions-Quotient, wenn es ihn gäbe und er etwas über intuitive Fähigkeiten aussagen würde, läge bei den meisten im deutlich einstelligen Prozentbereich.

Fakt ist, dass die meisten Menschen weniger als 50 % ihrer Gehirnkapazität nutzen. Über 50 % verschenken sie. Jedenfalls sind das die Werte, die wissenschaftlich belegbar sind, wie ich noch zeigen werde.

Was würden Sie sagen, wenn es tatsächlich möglich wäre, die Gehirnkapazität in etwa zu verdoppeln? Wenn es dadurch möglich wäre, erstaunlich kreativ zu werden, mehr Geschick im Umgang mit Menschen zu entwickeln, und sehr viel bessere Entscheidungen treffen zu können – und so in jeglicher Hinsicht erfolgreicher zu leben? All das ohne Drogen oder medizinische Eingriffe, sondern mental auf die richtige Spur gesetzt und dann zunehmend selbstlaufend. Sozusagen eine intuitive Erfolgsautomatik, die man sich selbst antrainieren kann.

Ich behaupte: Das geht! Der Schlüssel dazu: *Intuitive Kompetenz*.

Jetzt denken Sie vielleicht, das klingt etwas ungewöhnlich. Das kann ich gut verstehen. Doch alles, was ich Ihnen in diesem Buch vorstelle, ist wissenschaftlich fundiert und mit gesundem Menschenverstand nachvollziehbar. Die Neuro-Wissenschaftler sind sich einig und Prof. Gerald Hüther hat es erforscht: „Ohne Gefühl geht gar nichts!" (vgl. Hüther 2009). Dieses Gefühl, das es zu entwickeln gilt, schärft den entscheidenden Spürsinn, mit dem wir uns in der Welt besser zurechtfinden, beispielsweise Gelegenheiten erkennen, die wir ansonsten übersehen.

Es gibt Menschen, die diese Erfolgsautomatik von Natur aus entwickelt haben oder durch Schicksalsschläge darüber gestolpert sind, wie über einen unbeschreiblich wertvollen und begehrten Schatz. Diese herausragenden Menschen verfügen über einen Riecher für Gelegenheiten, eine unerklärliche Entscheidungskompetenz oder sonstige rätselhafte Fähigkeiten, die man noch so gut wie nirgends trainieren kann – trotz gegenteiliger Behauptungen.

Diese Fähigkeiten ermöglichen nicht einfach nur den Erfolg, wie wir ihn gemeinhin definieren. Es geht nicht um Geld, Macht und Prestige. Es geht darum, seinen angestammten Platz in dieser Welt zu finden, voller Sinn und Erfüllung. Dass diese Menschen dann deutliche Fußspuren hinterlassen, die von Außenstehenden bereits als „Erfolg" wahrgenommen werden, ist ein Nebeneffekt, auf den sich Nachahmer allzu sehr konzentrieren. Sie können diesen Fußspuren nicht folgen, weil es nicht ihr ureigener Weg ist. Stapfen Sie in fremden Spuren, so versäumen Sie die eigene Potenzialentwicklung.

Dieses Buch handelt davon, eine grundlegende, bislang größtenteils brachliegende Seite in sich selbst zu reaktivieren. Auf dass der Kompass für den eigenen Erfolgsweg wieder zu arbeiten beginnt, und zwar besser als jemals zuvor. Selbst Menschen, die von sich behaupten könnten, über einen guten Riecher zu verfügen, und beispielsweise in der Vergangenheit überwiegend erfolgreich entschieden haben, können sich noch bedeutsam steigern. Sie beginnen lediglich auf einem höheren Niveau, haben möglicherweise auch ein entsprechend höheres Potenzial, das es auszuschöpfen gilt.

Dieses Buch enthält kein Patentrezept zum Erfolg. Es propagiert die Rückbesinnung auf ureigene Fähigkeiten, die jeden selbst in die Lage versetzen, die richtigen, also zielführenden Antworten zu finden.

Der Schlüssel dazu ist *Intuitive Kompetenz,* eine elementare Fähigkeit, die wir derzeit noch nicht in der Schule lernen. Wenn Sie diese Kompetenz nicht entwickeln, dann tut es kein anderer für Sie. Deshalb ist Intuition Chefsache.

1.3 Neurowissenschaft und Lernpsychologie

Warum nutzen 98 % aller Menschen nur einen kleinen Teil ihrer mentalen Fähigkeiten und bringen sich damit unbewusst in Gefahr? Ich behaupte: weil wir unser Gehirn nur einseitig benutzen.

Dabei berufe ich mich auf das Hemisphärenmodell der Neurowissenschaft, das auch Eingang in die Lernpsychologie gefunden hat. Demnach besteht unser Denkorgan aus zwei Hälften, den sogenannten Hemisphären (Abb. 1.2). Diese unterscheiden sich in der Vorstellung der Psychologen erheblich.

Die linke Gehirnhälfte ist der rationale Teil. Hier dominieren Verstand und Logik. Diese linke Hemisphäre arbeitet folgerichtig analytisch logisch abstrakt, mit Worten und

Abb. 1.2 Gehirnhälften

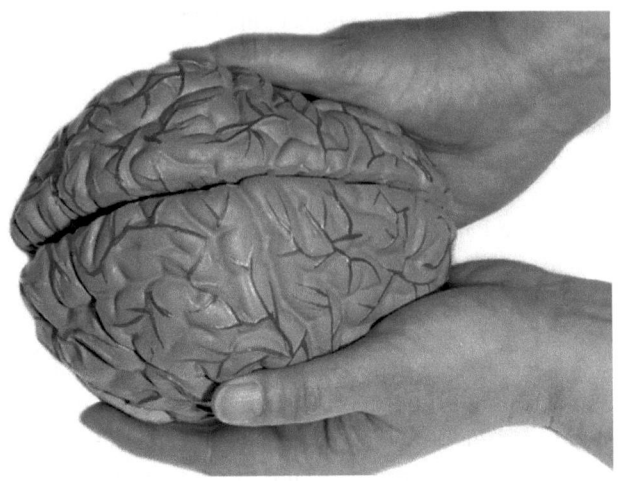

Symbolen. Sie wird benutzt, um schreiben und lesen zu können, dort ist die Sprache zu Hause, das Rechnen, Hören, Sprechen, die Regeln und das Befolgen von Anweisungen.

Im Gegensatz dazu ist die rechte Gehirnhälfte der emotional-intuitive Teil. Hier dominieren Gefühle, Kreativität und Fantasie. Diese rechte Hemisphäre arbeitet nonverbal, symbolisch, emotional und ohne Zeitgefühl. Hier verorten Psychologen den Sitz der Intuition.

Inzwischen ist dieses Modell nicht mehr unumstritten, da es mithilfe der Resonanztomografie (MRT) gelang, die Tätigkeit unseres Gehirnes räumlich aufzulösen und sichtbar zu machen. Dem zugrunde liegt die Vermutung, dass Regionen des Gehirns, die gerade sehr viel Sauerstoff verbrauchen, auch besonders aktiv sind. Diese Aktivität ist in beiden Hirnhälften nachvollziehbar. Was genau abläuft, ist jedoch noch nicht entschlüsselt. Insofern widersprechen diese neuen Erkenntnisse (LMU 2017) nicht grundsätzlich dem Hemisphärenmodell.

Das Modell der spezialisierten Gehirnhälften hilft uns, das Bewusstsein besser zu verstehen und abzugrenzen. Wo diese unterschiedlichen Funktionalitäten hergestellt werden, ist für uns als Anwender nebensächlich. Interessanter ist, dass dieses Modell den beiden Bereichen eine gewisse Gleichwertigkeit zubilligt. Der kreativ-intuitive, emotionale Teil hat damit die gleiche Wertigkeit wie der Verstandesteil.

Offenbar werden aus dieser Erkenntnis keine Konsequenzen gezogen. Unser Ausbildungssystem widmet sich vornehmlich einer Gehirnhälfte, nämlich der linken. Wir lernen Lesen, Schreiben und Rechnen. Fähigkeiten der rechten Gehirnhälfte werden, wenn überhaupt, nur nebenher gestreift. Wenn aber beide Gehirnhälften gleich wichtig sind, warum wird dann die rechte Gehirnhälfte nicht ebenfalls trainiert? Zwar gibt es einige Ansätze, den intuitiven und emotionalen Teil weiterzubilden, beispielsweise durch Achtsamkeitstraining und Meditation. Oft besteht noch der Irrglaube, dass diese Fähigkeiten, nennen wir sie Softskills, nicht annähernd die gleiche Bedeutung für unseren Lebenserfolg haben, wie Verstandestätigkeiten.

Dass der Blick auf Verstandesfunktionen alleine nicht ausreicht, zeigen Ansätze wie „emotionale Intelligenz". Auch häufen sich die Probleme unserer verstandeslastigen Lebensweise. Richten wir unseren Blick zunächst auf diese Gefahren.

1.4 Rückständigkeit in unserer modernen Welt

In Schule, Ausbildung und Studium trainieren wir nur den rationalen Teil, also die linke Hirnhälfte. Die rechte Gehirnhälfte, der Bereich von Emotionen und Gefühlen, wird dagegen systematisch vernachlässigt. Ist der emotional-intuitive Teil unseres Selbst etwa nur ein Zubehör für Künstler und Kreative, das „normale" Menschen nicht benötigen?

Aus ganzheitlicher Sicht ist unser Schul- und Ausbildungssystem in gewisser Weise auf einem mittelalterlichen Stand (Abb. 1.3). Im Mittelalter wurden zwar Lehrlinge ausgebildet, manchmal auch Knappen zu Rittern, doch Lesen und Schreiben gehörte nicht zum Standardrepertoire der damaligen Zeit, und war nur einer kleinen Elite vorbehalten.

Dass weite Teile der Bevölkerung damals analphabetisch waren, mutet mit Blick aus unserer heutigen Zeit nicht allzu dramatisch an. Schließlich gab es zu jener Zeit noch keine Romane und Programmzeitschriften, die das Volk hätte lesen können.

Tatsächlich war Analphabetismus einst ein machtpolitisches Instrument. Offizielle Dokumente konnten so nur von der Elite genutzt werden. Katholische Pfarrer haben sogar, teilweise bis Mitte des zwanzigsten Jahrhunderts, die Messe in Latein verlesen, sodass einfache Leute sie nicht verstehen oder gar in Zweifel ziehen konnten. So war die Deutung und Interpretation von Fakten den Lese- und Schreibkundigen vorbehalten. Damit konnte das einfache Volk leichter beeinflusst und regiert werden.

Abb. 1.3 Unser heutiges Schulsystem

Der Anfang vom Ende dieser Phase, in der der überwiegende Teil des Volkes vom Wissen ausgeschlossen war, fand im fünfzehnten und sechzehnten Jahrhundert statt. Zwei Ereignisse sollten epochale Wirkung entfalten. In der ersten Hälfte des fünfzehnten Jahrhunderts erfand Johannes Gensfleisch, genannt Gutenberg, die Druckerpresse. Damit gab es noch immer keine Illustrierten und Programmzeitschriften zu lesen, sondern zunächst einmal die Bibel – in lateinischer Sprache. Diese Bibel konnten normale Menschen auch nicht verstehen, wenn sie ihnen vorgelesen wurde. Ein Anreiz, lesen zu lernen, entstand dadurch noch nicht.

Erst im darauffolgenden Jahrhundert wurde ein Schuh daraus, in dem praktisch jedermann laufen konnte – oder lesen lernen. Martin Luther wird heute hauptsächlich dafür gefeiert, dass er die Kirchenspaltung initiiert hat, aus der der Protestantismus entstand. Seine andere Großtat halte ich für unvergleichlich bedeutsamer. Er bewerkstelligte die Übersetzung des Neuen Testaments und die Erstveröffentlichung in deutscher Sprache. Das war eine Sensation mit ähnlich unabsehbaren Folgen wie bei der Entstehung des Internets. Bildungsferne Kreise konnten so allmählich erschlossen werden, eine breite bürgerliche Mittelschicht entstand, die Aufklärung begann.

Heute können fast alle Menschen lesen und schreiben, sind aber immer noch in gewisser Weise Analphabeten, was bedeutet, dass sie nach wie vor vom Zugang zu Wissen abgetrennt sind. Während Menschen im Mittelalter genau wussten, dass sie nicht lesen und schreiben konnten, ist den Analphabeten der heutigen Zeit ihr Unvermögen noch völlig unbewusst. Sie haben keine Vorstellung, was ihnen fehlt und was ihnen entgehen könnte.

Der moderne Analphabetismus äußert sich in dem weitgehenden Unvermögen, Impulse aus dem Unbewussten entgegenzunehmen und zuverlässig zu deuten, also in sinnstiftender Weise zu interpretieren. Auch Träume bleiben oft unverständlich, weil sich dem modernen Menschen Sinn und Botschaft entzieht. Es geht so weit, dass Menschen nicht mehr wissen, was sie wirklich wollen. Ihr Wissen und Wollen kommt ausschließlich von außen. Sie leben Vorstellungen und Werte, die ihnen von außen aufgeprägt wurden. Da diese in vielen Fällen nicht passen, entsteht ein Konflikt, mit völlig unterschätzten Folgen.

Unsere heutige Welt ist damit rückständiger als es die meisten Menschen wahrhaben möchten.

1.5   Der Ursache auf der Spur

Woran liegt es, dass wir emotional-intuitive Defizite aufweisen; dass sich so viele Bereiche des Lebens dem Verstand entziehen, so „irrational" sind?

Dabei ist es so einfach zu verstehen(!). Wir benutzen unser Gehirn eben einseitig. Ein bedeutsamer Teil unseres Selbst wird dadurch sträflich vernachlässigt. Wenn das Gehirn ein Muskel wäre, dann wäre unsere linke Seite, die Verstandesseite, außerordentlich muskulös, extrem trainiert und ungeheuer kraftvoll. Die rechte Seite, die Seite von Emotion

1.5 Der Ursache auf der Spur

und Intuition, wäre schwach und verkümmert. Links könnten wir vor Kraft kaum laufen, währenddessen die rechte Seite schwächlich hinterherhinkt.

Können Sie sich dieses Bild vorstellen? (Abb. 1.4).

Übertragen Sie es bitte auf die Gewohnheit Ihrer Gehirnnutzung.

Wenn wir mit dieser Ausstattung geradeaus durchs Leben gehen wollen, drehen wir uns tatsächlich im Kreis. Obwohl wir uns heftig bewegen, also viel tun im Leben, kommen wir in Wirklichkeit oft kaum von der Stelle.

Und genau das ist das Problem, auch in unserer Gesellschaft. Viele Menschen kommen nicht vom Fleck, gehen im Kreis, sitzen fest in der Stressfalle, fühlen sich im eigenen Leben irgendwie fehl am Platze, haben den Sinn verloren, sind unglücklich, haben Burn-out oder Depression.

Eines haben sie gemeinsam: Sie haben nicht die kleinste Vorstellung davon, woran es wirklich liegt, dass sie unausgelastet, unzufrieden, unausgeglichen oder frustriert sind – nur eines dieser Eigenschaften oder gleich alle zusammen. Denn die Verstandeslogik beweist, dass es uns allen gut geht, rein „objektiv" betrachtet. Warum verschlechtern sich dennoch stetig die persönlichen Lebensumstände, wenn wir ehrlich sind und genau hinsehen?

Der Verstand findet rasch einen Sündenbock: Die Politik ist schuld! Der Partner ist nicht der richtige! Die Wirtschaft ist gerade ungünstig, die Kurse schlecht! Der Nachbar trägt die Verantwortung! Die Zustände in der Welt sind unerträglich.

Abb. 1.4 Ungleichmäßig trainiert

Dabei liegt die Ursache in uns selbst. Unsere einseitige, verstandeslastige Lebensweise bringt uns in die Bredouille. Jetzt könnten wir auf die fehlerhafte und unvollständige Erziehung und Ausbildung schimpfen, verpasste Gelegenheiten betrauern. Oder wir nehmen die Sache gleich selbst in die Hand, was die beste Lösung wäre.

Doch halt – ich bin allzu zu schnell vorgeprescht. Ihr kritischer Verstand ist bestimmt noch nicht überzeugt. Er benötigt noch mehr Anhaltspunkte und Beweise, bevor er überhaupt in Erwägung zieht, dass ein Optimierungsbedarf besteht, hin zu einer Region jenseits des Verstandes.

Ich habe dafür vollstes Verständnis. Der Verstand hat uns jahrelang prächtig geführt. Natürlich hat er jetzt Bedenken, ein wenig an Macht und Einfluss zu verlieren. Er hat Angst, die Oberherrschaft zu verlieren – und wie ich aus Erfahrung weiß, hat er Recht damit. Er muss ein wenig Geltung verlieren, damit sich die Verhältnisse bessern können.

Ich halte den Verstand für ein unverzichtbares Werkzeug, das stets geschärft sein sollte. Es sollte aber nicht das einzige Werkzeug sein, über das wir verfügen. Wir müssten sonst gewissermaßen mit dem Hammer die Suppe auslöffeln. Vielleicht ist manchmal ein anderes Werkzeug für die Bewältigung der anstehenden Lebensaufgabe geeigneter.

1.6 Die Gefahren der Halbhirnnutzung

Im Mittelalter gab es nur wenige Menschen, die Lesen und Schreiben konnten. Dafür war ein großer Anteil der Bevölkerung mit einer noch recht gut entwickelten Intuition ausgestattet. Heilende oder Sehende[1], waren beispielsweise hoch geachtet, wenn sie nicht von religiösen Extremisten (Inquisition, Hexenverfolgung) bedrängt wurden.

In unserer Neuzeit wird Lesen und Schreiben zu den allgemeinen Grundfähigkeiten gezählt, während die Intuition so gut wie vollständig verloren ging und allgemein auch nicht vermisst wird. Wären wir alle von Geburt blind, würde uns das Sehen auch nicht fehlen.

Ohne eine entwickelte Intuition sind wir weitestgehend blind, abgesehen von gelegentlichen Zufallstreffern, die noch unsere Aufmerksamkeit erringen konnten: Geistesblitze. Die immer mehr zurückgedrängte emotional-intuitive Seite ist unverzichtbar, wenn es um die Erfassung von Bedeutung geht. Bedeutung ist spürbar, entsteht durch Beeindruckung, ergibt Sinn. Beispielsweise wenn uns ein Mensch etwas bedeutet.

Menschen, die von ihrer emotional-intuitiven Seite abgeschnitten sind, ersetzen diese Bedeutung gerne durch die Verstandesprodukte Wertabschätzung und Nützlichkeit. Dabei kann der Begriff „Wert" auch ganz monetär, also als „Geldwert" verstanden werden. Nützlichkeit ist eine subjektive Bewertung, eine Abwägung aus dem Ich-Bewusstsein, dem Ego. Eine, aus dieser Nützlichkeitserwägung abgeleitete Haltung wird auch als

---

[1]Seher: Menschen, die aufgrund ihrer intuitiven Wahrnehmung, ihrer Beobachtungsgabe, ihres Geschickes und ihres Einfühlungsvermögens verblüffende Aussagen tätigen konnten.

„Egoismus" bezeichnet. In diesem Fall zählt, inwiefern eine Person oder Sache sich als nützlich erweist, oder erweisen könnte.

Nun ist Egoismus nicht grundsätzlich schlecht, da er uns hilft, unsere eigenen Bedürfnisse nicht zu vernachlässigen. Allerdings sind Wirtschaft und Gesellschaft in extremer Weise auf diesem Prinzip aufgebaut, trotz des einen oder anderen Feigenblatts, das das Prinzip Ego ein wenig kaschieren soll. Das Problem besteht nicht nur in der Einseitigkeit der Handlungs- und Lebensweise, sondern in der Fixierung nach außen, der Überbewertung von Äußerlichkeiten, bis hin zur Verwahrlosung des Innenlebens.

So starrt der Mensch von heute auf den Mitmenschen, den er als Käufer, Kunde oder Beziehungspartner gewinnen, in Wirklichkeit aber gebrauchen möchte. Er verhält sich damit größtenteils wie ein Jäger und Räuber, nicht wie ein zivilisierter Mensch. Er ist stets vom Gedanken geprägt, was er vom anderen entwenden kann, und nicht im eigenen Garten anbauen muss. Den eigenen Vorteil bedenken, sich nicht erwischen lassen, die anderen machen das ja auch!

Die Akquisition von Kunden oder Lebenspartner ist ein wertvoller Bestandteil des Lebens. Bleibt jedoch der Blick starr darauf fixiert, so geht das Wesentliche, das Gesamtbild verloren. Dieses Gesamtbild wird auch nicht durch eine vermeintlich ausgeglichene Lebensbilanz geheilt, beispielsweise in Form einer Life-Work-Balance[2] solange diese nur als Kompensation und Erholung verstanden wird.

Es mangelt der Blick in die umgekehrte Richtung: nach innen. Es fehlt die eigene Ergründung, das Erspüren eigener, wahrhaftiger Wünsche und Bedürfnisse. Das Bedürfnis nach Sinnhaftigkeit.

Bildlich gesprochen atmet der Mensch ein, vergisst aber das Ausatmen. Kein Wunder, dass er platzt vor lauter Angesammeltem und Aufgestautem.

Dadurch fühlen sich Menschen fehl am Platz – und das in ihrem eigenen Leben. Sie empfinden sich im Trott, im Hamsterrad, im Kreisverkehr des Lebens, ohne eine Abzweigung oder eine Ausfahrt zu mehr Sinn und Erfüllung zu finden.

Kein Wunder, denn der innere Kompass, erreichbar über die emotional-intuitive Schiene, wird nicht genutzt. Orientierung wird stets im Außen gesucht, im Konsum von Meinungen und Lebensanschauungen, Wertvorstellungen und Leitbildern.

▶ Meinungen folgen der allgemeinen Mode.

Bedeutsam ist die Fremdbeeinflussung, wenn es um unsere Lebensart, unser Lebensziel und unsere Lebensgestaltung geht. Auffallend ähnlich sind die Wünsche, zumindest der jungen Generation. Sie wünschen sich einen attraktiven Partner, mit der wichtigsten Eigenschaft, dass er „vorzeigbar" ist. Schlank sollte er sein, dem gängigen, sprich übernommenen Schönheitsideal entsprechen. Sie wünschen sich ein Haus, ein Heim, einen

---

[2]In anderen Medien als Work-Life-Balance dargestellt, dort mit höherem Schwerpunkt auf das Funktionieren im Berufsleben.

schicken, repräsentativen Wagen, einen gut bezahlten Beruf, schließlich jede Menge Geld, um sich alle Wünsche erfüllen zu können. Nur die Reihenfolge ist noch flexibel.

Irgendwie wirkt dieses Verhalten auf mich gleichgeschaltet, wie im Mode-Mainstream. Da bleibt wenig Raum für Individualität, obwohl Menschen zunehmend diese Individualität suchen, sich gerne von der Masse abheben möchten, und sei es nur durch Statussymbole oder besondere Accessoires.

Wodurch entsteht diese unheimliche Gleichschaltung? Warum übernehmen Menschen fremde Lebensentwürfe, um dann im Laufe ihres Lebens daran zu scheitern? Warum sind Menschen scheinbar auf diese externe Wegweisung angewiesen, um sich in dieser Welt zurechtzufinden? Was ist die Ursache für die offensichtliche Sturheit und Unentschlossenheit gegenüber dem Leben, bis hin zu einer grassierenden Bequemlichkeitsverblödung?

Die Antwort ist banal: Weil sie es nicht lernen, auf sich selbst zu hören. Weil die meisten gar nicht wissen, was sie wirklich wollen. Weil es inzwischen einfacher ist, den Verstand durch Informationen zu füttern als über den Kanal der Intuition eigene Wünsche und Befindlichkeiten zu ergründen.

Es ist noch immer sehr viel einfacher und bequemer, mit dem Strom zu schwimmen als dagegen anzukämpfen. Vielfach wird Resignation gewählt, wenn die Eltern, die Lehrer, der Chef oder der Partner sagen, wie man sich zu verhalten hat, oder welche Kleiderordnung wichtig ist, ob die Haare kurz, lang, glatt oder kraus, rot oder blond sein sollen.

Und das Leben fremder Lebensentwürfe bei eigenem Sinnverlust verursacht Stress. Schon ist es abzusehen, was die Volkskrankheit Nummer 1 in wenigen Jahren sein wird: Burn-out und Depression.

Bei dem emotional-intuitiven Analphabetismus in unserer Welt gibt es nicht nur Implosionen, die Wirkung nach innen, wie Burn-out, Depression und psychosomatische Krankheiten, sondern auch Explosionen, die Wirkung nach außen: gegen Mitmenschen und Gesellschaft.

Der überwiegende Teil aller Menschen hält die Gefühle unterdrückt. Und das ist gefährlich, denn unterschwellig sind Gefühle wie Angst und Wut immer da: Sticheleien, Ironie, Sarkasmus, zynische Kommentare. Und manchmal explodieren sie auch: in offenen Anschuldigungen, veritablen Shitstorms, Morddrohungen, Ausländer-Hetzjagden, bis hin zu Attentaten und Amokläufen. Wir alle erleben eine Häufung entsprechender Vorfälle in der Gesellschaft, einzelne Menschen als emotionale Dum-Dum-Geschosse, Querschläger, die durch die Gegend sausen und unübersehbaren Schaden verursachen, auch in Fällen, die es nicht in die Medienberichterstattung schaffen. Menschen, die von ihrer einseitigen Lebensweise sozusagen „angezählt" sind, neigen zu überraschend irrationalem Verhalten. Niemand ist davor gefeit, solange er nicht tief in sich selbst gründet.

Gefühle haben Macht, negativ – wie auch positiv. Deshalb müssen wir dringend emotionale und *Intuitive Kompetenz* erringen.

1.7 Druck im Kessel

Ich frage mich, woran es liegt, dass der Umgangston in unserer Gesellschaft sich immer mehr verschärft. In meiner Erinnerung haben wir früher noch diskutiert, wo heute Menschen mit geringfügig abweichender Meinung sofort auf die volle Verachtung der Mitmenschen prallen, und vehement bekämpft werden.

Es wirkt auf mich so, als ob der Wutpegel in der Volksseele allmählich steigt. Eine Verrohung der Umgangsformen scheint immer mehr zutage zu treten. Gerade im Straßenverkehr ist dies auffallend. Möchte ich Innerorts anhalten, um jemand aussteigen zu lassen, so geht dies selten ohne Unmutsäußerung des nachfolgenden Verkehrsteilnehmers. Manchmal wird aufgeblendet, oft auch gehupt. Krassere Beispiele erspare ich Ihnen hier. Sie kennen solche bestimmt aus Ihrem Erleben.

Woran liegt es, dass Aggressivität und Gewaltbereitschaft – ob verbal oder körperlich – in unserer Gesellschaft zunehmen? Es ist eine Entwicklung, die schon lange vor der Flüchtlingswelle zu beobachten war. Vielleicht ist das der Tribut, der dem jahrzehntelangen Konsum von gewaltverherrlichendem Kinomaterial aus Übersee geschuldet wird. Die eigene Verrohung erlebe ich an der Reaktion meiner minderjährigen Tochter beim gemeinsamen Filmerlebnis. Zwar hat der Film eine entsprechende Altersfreigabe, strotzt, genau genommen, dennoch vor Grausamkeit, obwohl es sich um einen prämierten Mainstreamfilm handelt. Mir fiel das nicht mehr auf, und genau das hat mich stark beschämt.

Viele verteidigen ihre Meinung zu einem an sich nebensächlichen Thema, als ob ihr Leben davon abhinge. Gerade in Social Media ist dieser Trend anschaulich zu beobachten. Es wird nicht mehr diskutiert, es wird diffamiert. Andersdenkende werden ausgegrenzt und beschimpft. Hat das noch etwas mit einem rationalen Menschen zu tun? Oder schlägt da bereits das Tier in uns durch? Haben wir unsere Emotionen noch im Griff, oder sind sie schon längst ausgebrochen, wüten und jagen uns durch die Gegend?

Unsere Gesellschaft gleicht emotional einem Dampfkessel (siehe Abb. 1.5), dessen Temperatur allmählich, aber scheinbar unaufhaltsam steigt. Irgendetwas heizt die Teilchen auf – dort Wassermoleküle, in unserer Gesellschaft einzelne Menschen – die dann in Bewegung geraten, andere Teilchen anstoßen, die wiederum mit weiteren aneinandergeraten. Der steigende Druck im Kessel entspricht den steigenden Aggressionen. Immer öfters erreichen einzelne Teilchen den Siedepunkt. In der Gesellschaft erleben wir das als Ausbruch von Gewalt. Wir können fast täglich feststellen, wie dieses Gewaltpotenzial zunimmt. Die Situation spitzt sich zu. Wo soll das enden?

Fast jeder einzelne trägt zum Druckanstieg bei, indem er sich nichts gefallen lässt und seinerseits kräftig austeilt. Die Volksseele kocht beim Blick auf Zuwanderung und Terrorgefahren, auch angesichts befürchteter Veränderungen und Ungerechtigkeiten. Fast jeder hilft kräftig mit, um Angst und Bedenken zu schüren, und somit den Druck im Kessel zu erhöhen.

Abb. 1.5 Emotionaler Dampfkessel: die Temperatur steigt

Genau genommen trägt jedes unfreundliche Wort, sogar jeder nachlässige, fehlgedeutete Blick zur Eskalation bei. Ich beobachte diese Entwicklung mit Sorge, da abzusehen ist, wohin uns dies bereits in nächster Zukunft führen kann.

Ein gesellschaftliches Ereignis kann diesen Effekt für einige Zeit aussetzen oder sogar umdrehen. Das zeigte die Fußballweltmeisterschaft 2014. Dass es der deutschen Mannschaft gelang, zu gewinnen, hat zu einem kollektiven, emotionalen Aufschwung geführt, der den Druck im Kessel für einige Zeit deutlich reduziert hat. Dieser Effekt ist inzwischen abgeklungen und der Druck hat sich noch einmal kräftig erhöht.

Das Beispiel zeigt, dass es noch nicht zu spät sein muss. Wir alle haben Einfluss, zumindest auf unsere unmittelbare Umgebung. Als Führungskraft oder als öffentliche Person erstreckt sich unsere Wirkung auf alle Menschen, die wir erreichen können. Doch wie können wir wirken? Auf welche Weise werden wir vom Anheizer zum Abkühler?

Es könnte eine Zeit kommen, nach Aufständen und Unruhen, in der sich die Schuldfrage stellt und die Zeigefinger reihum weisen. Wie im Dritten Reich waren es dann wieder die anderen, die sich falsch verhalten haben, die „Schuld" haben. An die eigene Verantwortlichkeit, oder auch nur eine ansatzweise Mitwirkung, mag dann niemand mehr glauben. Dennoch hätten wir alle, mehr oder weniger, den Zusammenbruch herbeigeführt.

Chef zu sein bedeutet auch, die Verantwortung zu tragen, nicht nur im Nachhinein, sondern im Gegenwärtigen, also mitten in der Situation. Es ist nicht damit getan, später den Kopf hinzuhalten und die Verantwortung für das Fehlverhalten anderer zu übernehmen. Es geht darum, seiner Verantwortung in der Gegenwart gerecht zu werden und entsprechend zu handeln. Diese Verantwortung erstreckt sich auf unser Erleben, insbesondere auf die Menschen, mit denen wir zu tun haben. Wo – ernsthaft betrachtet – ist der Unterschied im Verhalten zu einem Mitarbeiter (vulgo: „Untergebener") und der Bedienung im Fachgeschäft, bzw. der Fachverkäuferin an der Wursttheke? Verhalten wir uns kongruent und integer, so handeln wir in allen Situationen wertschätzend und aufbauend, gerade in Konfliktfällen. Und dies beruflich wie privat.

Jeder möge selbst entscheiden, ob er lieber Teil des Problems oder Teil der Lösung sein möchte.

Aber keine Sorge: Falls Sie diese Entscheidung nicht selbst treffen möchten, so gibt es etwas, das diese Entscheidung für Sie übernimmt – Ihr unbewusstes Selbst.

1.8 Professionelle Anforderungen an Intuition

Was ist die wichtigste Kompetenz, über die Entscheider im Berufsleben verfügen können? Und falls Sie sich nicht angesprochen fühlen, weil Sie im Augenblick kein Unternehmen führen und für sich keine Personalverantwortung sehen: Wie viele Entscheidungen müssen Sie jeden Tag treffen, allein um durch den Tag zu kommen? Wovon hängt mittel- und langfristig der Lebenserfolg ab, geschäftlich wie privat?

Sie haben es bestimmt erraten: Die Kernkompetenz für den Lebenserfolg ist die Fähigkeit, gute Entscheidungen zu treffen. Umgekehrt ist Lebenskompetenz die Fähigkeit, sinnvolle und zielführende Entscheidungen für sein Leben selbst zu treffen, bevor es andere oder die Umstände tun.

Um diese Entscheidungen rational, also mit dem Verstand, erarbeiten zu können, werden alle relevanten Faktoren benötigt. Dann können wir die Folgen verschiedener Handlungsoptionen antizipieren, schließlich die uns als optimal erscheinende Wahl treffen.

Klingt logisch, und hört sich vielleicht auch gut an. In der Praxis gibt es leider ein Handicap: ungenügende Information. Weder sind alle Faktoren bekannt, noch lassen sie sich allesamt mit der erforderlichen Sorgfalt bewerten und gewichten. Bei der Abwägung der Handlungsoptionen sind die Folgen nicht genau vorausehbar, allenfalls lassen sie sich mehr oder weniger vage abschätzen.

Tatsächlich wissen wir oft weniger, als für eine gute Entscheidung notwendig ist. Für den unwägbaren Anteil setzen wir nach Möglichkeit Erfahrungswerte ein. Wo dies nicht in ausreichendem Umfang gegeben ist, wird automatisch das „Bauchgefühl" genutzt. Das bedeutet, dass diejenige Alternative vorgezogen wird, die sich am besten „anfühlt". Dieses Anfühlen ist keine verlässliche Größe, da im Allgemeinen völlig im Dunkeln bleibt, woher dieser Impuls kommt. Neigungen, offene und heimliche Wünsche, unbewusste und bewusste Ängste drängen sich in die Entscheidung hinein, sodass in manchen Fällen ein zufälliges Ergebnis glücklicher wäre.

Dieses diffuse Bauchgefühl nennen wir Intuition oder Instinkt, obwohl es größtenteils aus diesen Unsicherheitsfaktoren besteht. Ziel müsste es sein, diese Störeinflüsse auszuschalten – oder zumindest soweit zurückzudrängen, um einen möglichst lupenreinen und brauchbaren Intuitionsanteil zu erhalten.

Die Zuverlässigkeit des Bauchgefühls scheint mit der Lebenserfahrung zuzunehmen. Der Begriff bleibt jedoch stets ein wenig schwammig. Wenn Intuition die Begabung ist, spontan gute Entscheidungen zu treffen, ohne über das grundsätzlich erforderliche Hintergrundwissen zu verfügen, dann sollte sie eine gewisse Zuverlässigkeit erreichen. Mit einem diffusen, untrainierten Bauchgefühl ist das nicht erzielbar. Allerdings erhöht sich mit kompetenten intuitiven Fähigkeiten auch die Entscheidungskompetenz in bedeutsamer Weise.

Dies zeigt sich am deutlichsten an der Anzahl der Handlungsoptionen oder Entscheidungsalternativen, die der Entscheidung zugrunde liegen. Ohne *Intuitive Kompetenz* mögen gewisse Entscheidungen als alternativlos gelten, oft ein faules Denkmodell, das nicht nur in der Politik häufig Verwendung findet. Manchmal gibt es scheinbar überhaupt keinen Lösungsweg. Dann wiederum verblüffen uns Menschen mit überraschend einfachen und schlüssigen Lösungen, die allzu eng gesteckte Vorstellungen und Entscheidungsrahmen sprengen. Das „Ei des Kolumbus" oder der „Gordische Knoten" sind solche Beispiele, ebenso die Idee des bedingungslosen Grundeinkommens.

Um Intuition wirklich einsetzen zu können, ob zum Management eines Unternehmens oder des eigenen Lebens, hängt davon ab, ob sie diesen erforderlichen Grad an Treffsicherheit erreicht. Dies ist besonders dann wichtig, wenn die Intuition Ergebnisse liefert, die dem Verstand widersprechen. Es ist eine große Stärke der Intuition, dass sie gerade in Bereichen hilfreich ist, die sich rational nicht erarbeiten lassen. Dies in Form von Einsichten und Eingebungen, die oft unerklärlich bleiben.

Intuition ist mehr. Dazu gehört auch die Fähigkeit, die Eigenschaften und Emotionen eines Gesprächspartners augenblicklich zu erfassen und sich bewusst zu machen. Ein Geschick, von dem sehr oft ein Verhandlungserfolg abhängt. Diese wertvolle Fähigkeit lässt sich teilweise beim Pokerspiel erlernen, wenn Hunderte von Stunden in intuitive Erfahrung investiert werden. Einfacher ist es, die intuitiven Fähigkeiten direkt im Alltag zu trainieren, entsprechende Anleitung vorausgesetzt. So ist eine höhere Entscheidungssicherheit auch in der Beurteilung von Personen möglich, beispielsweise beim Vorstellungsgespräch. Ich kenne Manager, die sich in der Personalentscheidung mittlerweile ganz auf ihre Intuition verlassen. Die üblichen Bewerbungsunterlagen werden überflogen und verschwinden in der Personalakte. Viel wichtiger ist es diesen HR-Managern der Neuzeit, im persönlichen Gespräch mit dem Bewerber[3] einen verlässlichen Eindruck zu gewinnen. Verfügt der Personalentscheider über eine gut entwickelte Intuition, eine bewusste und eigenverantwortliche Wahrnehmung, erweisen sich diese intuitiven Entscheidungsimpulse in der Praxis als zielführender und nachhaltiger als das Studieren der Aktenlage und Abhaken der üblichen Bewerbungsfragen.

Intuition ist noch mehr. Sie ist die Quelle unserer Kreativität. Einen Gedanken A mit Gedanken B zu verschrauben, um etwas Neues zu probieren, ist noch kein kreativer Prozess.

---

[3]Hier und im Folgenden sind immer alle möglichen und denkbaren Geschlechter (Genders) gemeint, auch wenn nicht explizit auf diese Vielfalt hingewiesen wird.

Dinge herzuleiten und gedanklich zu verbinden, ist nicht kreativ, sondern mechanisch, eine Art Gedankenmontage im Verstand. Im Gegensatz dazu bedeutet eine schöpferische Tätigkeit, etwas aus dem scheinbaren Nichts zu erschaffen. Genau dies verdeutlicht der Begriff „Einfall". Es fällt in unser Bewusstsein hinein, wie aus heiterem Himmel (siehe Abb. 1.6). Als einfallsreich gilt etwas, wenn es neu und überraschend ist. Die meisten Dinge sind aber aus altbekannten Versatzstücken lediglich neu kombiniert. Dabei handelt es sich nicht um Kreativität, sondern um eine Art Recyclingprozess von Ideen, die vielleicht ursprünglich kreativ waren. Wo diese Wiederverwertung allein nicht ausreicht, kommt Intuition als entscheidender Faktor ins Spiel. Dies bedeutet, dass Kreativität ausschließlich durch die Intuition geboren wird. Entsteht etwas im Verstand, dann ist das ausgeknobelt, nicht erschaffen.

▶ Intuition ist die einzige Quelle für Kreativität.

Intuition ist noch viel mehr. Sie schließt die Fähigkeit ein, unsere eigenen Wünsche auszuformen und zu ergründen, jenseits der von außen aufgeprägten und auf uns einprasselnden Vorstellungen und Zwänge. Ohne unsere Intuition ist es unmöglich, zu wissen, was wir wirklich wollen. Wir müssen uns dann danach richten, was uns andere vorschlagen, was für uns als richtig und passend angenommen wird. Spätestens auf lange Sicht entstehen dadurch unangenehme Folgen, von denen Enttäuschung und Verdruss noch die harmlosesten sind. Menschen hängen der irrigen Überzeugung an, genau zu wissen,

Abb. 1.6 Von wo ist der Einfall zugefallen?

was sie in ihrem und für ihr Leben haben möchten, schlittern dann trotzdem in Wut und Depression hinein, da sie völlig unfähig sind, ihre wahrhaftigen Wünsche zu ergründen. Gerade die lebenswichtige Bedeutung der tief in uns gründenden Wünsche wird von Personen, die sich mit dieser Materie noch nicht ausreichend beschäftigt haben, sehr stark unterschätzt. Kennen wir unsere Wünsche und Werte nicht, dann befinden wir uns in einem permanenten Verwirklichungsstau, in einem Zustand der Erfüllungsverweigerung. Um die Komplexität des eigenen Lebens zu ergründen, besteigen Menschen Berge, widmen sich Fallschirmspringen oder Marathon, oder beschreiten den Jakobsweg. Sie tun all dies, um sich selbst zu finden, sich selbst zu begegnen. Dabei sind all diese Antworten in uns selbst zu finden, in uns angelegt, zugänglich über unser Empfinden. Über dieses, von der Intuition genährte eigene Empfinden entsteht Sinnhaftigkeit, ein intuitiver Prozess. Letztendlich gelingt es durch Intuition, die Deutungshoheit über das eigene Leben zu gewinnen, und so Freiheit und Selbstbestimmung zu erlangen.

Die Beherrschung intuitiver Fähigkeiten schafft unbestreitbare Vorteile in einer Welt, in der ansonsten lediglich der Verstand mit den erwähnten Störfaktoren haust.

Intuitionstechniken sind noch so etwas wie Insiderwissen, allerdings weder verboten noch strafbar. Zwar sind Informationen über Intuitionstechniken öffentlich zugänglich, beispielsweise durch dieses Buch, doch haben sie noch keine große Verbreitung gefunden. Early Adaptors, die ihre intuitiven Fähigkeiten *jetzt* entwickeln, gewinnen dadurch einen entscheidenden Vorsprung, bevor diese Techniken dann irgendwann Allgemeingut werden.

Eine höhere *Intuitive Kompetenz* steigert die Lebenskompetenz in allen Lebenssituationen, sowie die Fähigkeit, gut und nachhaltig zu entscheiden, Menschen einzuschätzen, und – oft überraschende – Lösungswege zu finden.

Ich möchte Sie nun einladen, zu einem Forscher und Entdecker zu werden, dabei in erster Linie sich selbst zu erforschen, aber auch die eigene Umwelt und Wirklichkeit. Das Instrumentarium zur Ergründung dieser Bereiche ist bei vielen nahezu unbenutzt, bei den meisten unverstanden und unterschätzt: das eigene Empfinden, die Intuition.

Es geht darum, die eigene Lebenswirklichkeit buchstäblich zu begreifen, und mit beiden Händen zu gestalten, im eigenen Tun und Empfinden.

Mit einer gut entwickelten Intuition sind wir in der Lage

- bessere und nachhaltigere Entscheidungen zu treffen
- Menschen verstehen und erfolgreicher mit ihnen umgehen zu können
- uns selbst zu ergründen und Sinnhaftigkeit herzustellen
- erstaunlich kreativ zu sein

Und noch vieles mehr. Staunen Sie und lassen Sie sich überraschen.

> **Tipp** Alle Hyperlinks in den Literaturverzeichnissen sind in einer PDF-Datei zusammengefasst. So gelangen Sie am einfachsten zu den Texten, Videos oder anderen Quellen.
> Sie finden dieses PDF unter http://www.springer.com/9783658144463.

Literatur

Hüther, G. (2009). „Ohne Gefühl geht gar nichts", Vortrag von Prof. Dr. Dr. Gerald Hüther am 20. Juni 2009 aus dem Stadttheater Freiburg. https://www.youtube.com/watch?v=INLvkA8RasI&t=75s.

LMU. (2017). Artikel „Funktionelle MRI" aus dem Klinikum der Universität München LMU. http://www.klinikum.uni-muenchen.de/Abteilung-fuer-Neuroradiologie/de/Was_ist_Neuroradiologie_/nrad_mrt/fmri/index.html.

Der Intuition auf der Spur 2

Lexikalische Werke definieren Intuition als Einsichten, die nicht rational erarbeitet werden müssen, sondern als Folge von „Eingebungen" entstehen. Dabei handelt es sich um einen überraschend eintreffenden, bedeutsamen Gedanken, manchmal auch als „Geistesblitz" bezeichnet. Begriffe wie gesunder Menschenverstand, emotionale Intelligenz und Empathie werden zu diesem Thema hinzugezählt. Erklärt wird Intuition beispielsweise durch eine unbewusste Wahrnehmungsinterpretation, bzw. durch die Funktion des „gesunden Menschenverstands" und eines besonderen Einfühlungsvermögens. Intuition bedeutet auch spontane Impulse wahrzunehmen, und sich von innen, durch das Herz, berühren zu lassen. Gelegentlich wird Intuition mit dem Instinkt in Verbindung gebracht, über den Tiere verfügen.

Der Prozess, der zur Entstehung von Kunst führt, soll ein intuitiver sein.

Auch in der Religion spielt die Intuition eine wichtige Rolle, zumindest in Bereichen, in denen nicht einfach nur blinder Glaube eingefordert wird. Die Intuition ermöglicht es, religiöse Inhalte selbst zu empfinden, und damit zur persönlichen Gewissheit zu gelangen. Gebet und Meditation sind die Methoden, diese Intuition zu nutzen, die oft als Zwiegespräch mit Gott empfunden wird. Das Ergebnis ist ein tieferes Gottvertrauen, das man auch als Urvertrauen bezeichnen könnte. Intuition ist damit so etwas wie Stab und Leuchte, gibt uns Halt und erhellt unseren Weg, unverzichtbar in einer Zeit der verlorenen Werte und Orientierung.

Ungeachtet dessen führt Intuition heute ein Schattendasein. Dabei hat sie den Menschen seit Urzeiten in seiner Entwicklung und Reife begleitet und zu vielen gesellschaftlichen und technologischen Entwicklungen geführt.

2.1 Antike Spuren der Intuition

Das Pantheon ist ein Bauwerk, das nahezu neunzehn Jahrhunderte überdauert hat und noch heute in nahezu unveränderter Pracht in Rom zu bewundern ist (Abb. 2.1). Die größte Zeit war dieses Monumentalwerk der gewaltigste Kuppelbau der Welt, technologisch unerreichbar. Denn es entstand unter Verwendung eines ganz besonderen Werkstoffes, der uns heute nicht mehr zur Verfügung steht. Dieses Wissen ging verloren.

Wir sind heute technologisch weit entfernt von der Fähigkeit, vergleichbare Bauwerke zu errichten, die eine Lebensdauer von mehreren tausend Jahren aufweisen. Unser moderner Beton gilt als chemisch instabil und ist nur für wenige Jahrzehnte der Nutzung geeignet. Er wird spröde, platzt ab, die enthaltene Armierung korrodiert. Es gibt sogar Stimmen, die Beton die Eignung als Baustoff für Brücken absprechen (vgl. Dietrich 2016).

Prof. Peter Schießl ist Leiter des Centrums Baustoffe und Materialprüfung (CBM) der TU München und hat betontechnologische Einflüsse untersucht, beispielsweise die Karbonatisierung durch Kohlendioxyd aus der Atmosphäre, ein Absinken des pH-Wertes mit korrosiver Wirkung, bis hin zum „Lochfraß" (vgl. Schießl 2009).

In der Baubranche ist bekannt, dass die Lebensdauer von Betondachsteinen auf 30 bis maximal 60 Jahre ausgelegt ist. Dr. Thomas Richter benennt die Nutzungsdauer des uns heute zur Verfügung stehenden Werkstoffs Beton. Je nach Anforderung beträgt diese zwischen 20 Jahren (Türme für Windenergieanlagen) und maximal 120 Jahren (Meeresbrücken in Nordeuropa) (Richter 2010).

Auch für diese relativ kurzen Zeitspannen gibt es keine Sicherheit. So hielt das ultramoderne Betondach der Berliner Kongresshalle, genannt „Schwangere Auster", lediglich 23 Jahre, bevor es während einer Pressekonferenz einstürzte und Menschen verletzte. Dem gegenüber überstand der antike Beton des Pantheon einen bisher über 80-fachen Zeitraum unbeschadet, wobei noch kein Ende abzusehen ist. Durchschnittlich sieht Dr. Richter für unseren modernen Baustoff Beton eine Nutzungszeit von lediglich

Abb. 2.1 Pantheon in Rom (Bild: Stefan Bauer, http://www.ferras.at)

2.1 Antike Spuren der Intuition

50 Jahren als realistisch an, bei Zugrundelegung der Norm DIN 1045-1 aus dem allgemeinen Hochbau.

Wir können von Glück sagen, dass die Römer vor 2000 Jahren diese Norm noch nicht kannten, und eben über jenen Werkstoff verfügten, den es heute nicht mehr gibt: Opus Caementicium. Dadurch sind uns noch zahlreiche Bauwerke der römischen Antike erhalten geblieben, die schon längst zusammengestürzt und verschwunden wären, wenn den Römern lediglich unsere modernen Werkstoffe zur Verfügung gestanden hätten.

Es gibt sogar die Theorie, dass viele Steine der Pyramiden aus Gizeh nicht etwa aus einem Steinbruch stammen, wie bislang als selbstverständlich angenommen, sondern vor Ort gegossen wurden, aus einer Art antikem Beton. Dies würde zumindest die ansonsten unerklärliche Passgenauigkeit der spaltenlosen Fugen begründen. Des Weiteren würde dies bedeuten, dass bereits vor 5000 Jahren eine Betonbau-Technologie existierte, über die wir aus heutiger Sicht nur staunen können. Diese Theorie bleibt einstweilen spekulativ, da es noch keinerlei zuverlässige Nachweisverfahren gibt, um künstliche von natürlichen Steinen zweifelsfrei zu unterscheiden.

Die Hagia Sofia ist ein sakrales Bauwerk, das im Konstantinopel der Jahre 532–537 nach Christus entstand, dem heutigen Istanbul. Unter der Kuppel würde bequem ein 60 m messendes Hochhaus Platz finden. In lediglich fünf Jahren Bauzeit entstand unter Verwendung einfachster Hilfsmittel ein Bauwerk von gigantischen Ausmaßen, das heute noch erhalten ist, obwohl es sich in einer Erdbebenregion befindet. Im Vergleich dazu wirken heutige Bauvorhaben, wie die Elbphilharmonie und der Flughafen BER in ihrer Durchführung als geradezu rückständig und stümperhaft. Auch macht es mich traurig, dass die letztendlich prächtig gelungene Elbphilharmonie bereits nach längstens 120 Jahren einsturzgefährdet sein wird und abgerissen wird, weil der heute zur Verfügung stehende Beton um so vieles minderwertiger ist als in verflossenen Zeiten.

Anscheinend sind wir in der heutigen Zeit nicht mehr in der Lage, Dauerhaftes zu schaffen, abgesehen vielleicht von konventionellen und atomaren Müllkippen. Vieles deutet darauf hin, dass uns in unserer modernen, rationalen Welt einiges an Substanz verloren ging, die der Verstand alleine nicht wiederherstellen kann.

Es drängt sich die Frage auf, wie es beispielsweise den Römern gelang, Opus Caementicium und andere herausragende Errungenschaften zu erfinden, wie Bewässerungs- und Heizanlagen, die Fußbodenheizung und das Dampfbad. Dieses Wissen entstand ohne moderne Wissenschaft und automatisierte Reihenversuche, welche heutzutage Chemikalien und Werkstoffe in unzähliger Weise kombinieren, um neue Verfahren und Materialen zu entwickeln. Was wir heute mit größtem Aufwand entwickeln, mit Heerscharen an Mitarbeitern, war in der Antike oft das Werk einzelner Personen, genialer Tüftler und Baumeister. Sie verfügten nicht über ein Studium, wie es heute am Institut für Beton in Karlsruhe möglich wäre. Stattdessen arbeiteten sie intuitiv und nutzten Eingebungen. Dass mit Intuition Herausragendes gelang, gerade auch nach den Maßstäben der heutigen Zeit, ist weitgehend vergessen.

Auf ähnliche Weise entdeckten Menschen die heilsame Wirkung von Kräutern. Dies geschah nicht durch Ausprobieren, wie heute vielfach angenommen wird, sondern über

Eingebungen, verdichtet durch Überlieferungen. Hildegard von Bingen (1098–1179) fasste die damaligen Erkenntnisse zusammen und entwickelte sie auf beeindruckende Weise weiter. Dabei halfen ihr Zwiegespräche mit Gott, eine tiefe, innere Verbundenheit und Versenkung. Heute nennen wir diese Verbindung „Intuition".

Bei genauerer Betrachtung mutet es seltsam an, dass es so viele Heilpflanzen gibt. Nahezu jedes Gewächs hat offenbar eine bestimmte, ihm eigene therapeutische Wirkung. Es wirkt ganz so, als ob die Pflanzen durchnummeriert worden wären, um anschließend wahllos die Eigenschaften zu verteilen. Noch seltsamer mutet es an, wie es den Menschen schon in sehr frühen Entwicklungsstadien gelang, diese Heilwirkungen regelrecht aufzuspüren, mit einem heute kaum vorstellbaren Spürsinn. Wurden damals umfangreiche Studien mit zahlreichen Freiwilligen durchgeführt? Wohl kaum! Die Intuition muss den Menschen den Weg gewiesen haben, um sie zielgerichtet und bedarfsorientiert zur richtigen Pflanze zu führen.

Der moderne Mensch hat es verlernt, seine Intuition zu gebrauchen. Damit hat er sich von einer Quelle abgeschnitten, die jahrtausendelang die Menschheit gespeist und zu manch Blüte geführt hat. Dies könnte auch in der heutigen Zeit gelingen, sogar einem in einem weit höheren Ausmaße, angesichts der Möglichkeit, diese Eingebungen mit modernen Methoden und Verfahren zu kombinieren. Diese Chancen bleiben einstweilen noch ungenutzt, solange bis wir anfangen, von unseren Vorfahren zu lernen.

2.2 Intuition als Begriff aus der Ergonomie

Es gibt unterschiedliche Vorstellungen und Definitionen des Begriffs Intuition. Beispielsweise gelten Computeranwendungen als „intuitiv", wenn sie besonders einfach zu bedienen sind. Ursprünglich waren Computer alles andere als benutzerfreundlich. Sie erforderten spezielle Prozeduren, wie das Stanzen von Löchern in Stapel von Kartonkarten. Über die Anordnung dieser Löcher konnten den Computern der damaligen Zeit Anweisungen gegeben werden, in maschinenlesbarer Form. Deshalb konnten nur besonders ausgebildete Fachleute Computer bedienen und die kryptischen Ausgaben interpretieren. Der Computer verstand Anweisungen, die als Lochmuster in Karten gestanzt wurden (Abb. 2.2).

Inzwischen wurde an der Verbindung zwischen Mensch und Maschine, der Benutzerschnittstelle, sehr viel gearbeitet. Heute genügt unsere Stimme, um Computer zu steuern, die millionenfach leistungsfähiger sind als damals und sich auch noch bequem in unserer Handfläche verbergen. Durch Wischbewegungen, Spreizen oder Drehen von Fingern können wir Bildschirminhalte manipulieren, ohne uns durch komplizierte Untermenüs zu fummeln. Selbst Kleinkinder und manch Haustier erzielt faszinierende Ergebnisse mit den neuen Bedienoberflächen von Smartphones und Tablet-Computern.

In der Kognitionsforschung ergründen Informatiker und Psychologen dieses Zwischenglied zwischen Mensch und Maschine, die Mensch-Maschine-Schnittstelle.

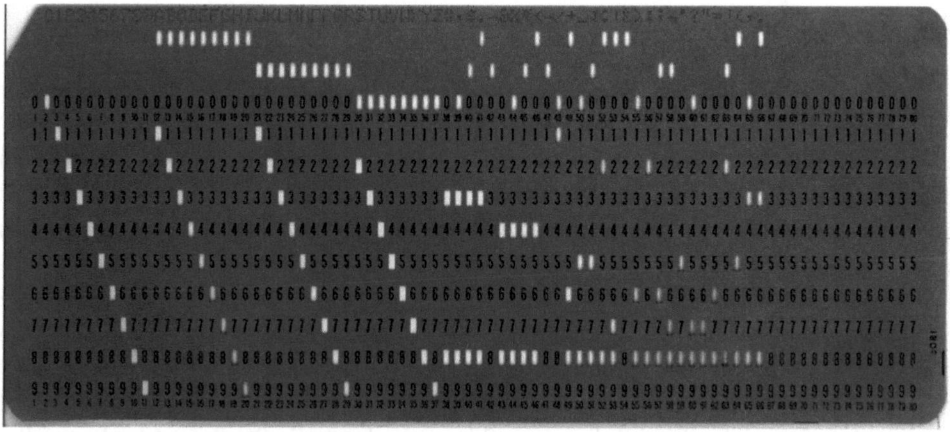

2.2 Intuition als Begriff aus der Ergonomie

Abb. 2.2 Lochkarte als Eingabemedium für Computer

Eine ähnliche Schnittstelle haben wir in uns. Sie verbindet unser Bewusstsein mit dem unbewussten Teil unseres Selbst und nennt sich Intuition.

Intuition ist nicht annähernd so gut erforscht, wie die Mensch-Maschine-Schnittstelle, für die es eine eigene Wissenschaftsdisziplin gibt, die Software-Ergonomie (Usability Engineering). Die Bedienung von Smartphones, der niedlich kleinen Zeitvertreiber für die Masse, ist anscheinend lukrativer als die Beschäftigung mit uns selbst. Das ist ein Trugschluss. Das vorliegende Buch stellt sich der Aufgabe, bei der Erschließung dieser enormen Lücke mitzuwirken.

Die Verwendung des Begriffs „intuitiv" in Verbindung mit Computern oder deren Bedienung, hat zu einer Bedeutungsverzerrung geführt. Mit dem Begriff intuitive Nutzung wird eine Art der Bedienung bezeichnet, die idealerweise ohne spezielle Schulung auskommt. Wenn wir dieses Kriterium allgemein anwenden, dann ist beispielsweise eine Krücke besonders nutzerfreundlich, weil sie intuitiv bedienbar ist. Ich weiß das, weil meine Tochter, nachdem ihr angebrochener Fuß einen Gips erforderlich machte, die gereichte Krücke sofort bedienen konnte, ohne zuvor ein Handbuch zu studieren, oder einen Einführungskurs zu besuchen.

Ein Smartphone oder ein Computer, die intuitiv bedienbar sind, hat weniger mit Intuition zu tun, als es anzuklingen scheint. Wir müssen uns daher den Begriff Intuition neu erarbeiten.

Zumindest eine Eigenschaft können wir aus dem Begriff „intuitiv" der Computertechnik übernehmen: Intuition ist etwas, das sich von selbst erschließt, mit vergleichsweise wenig Mühe und hohem Erfolgserlebnis. Deshalb macht es auch so viel Freude, diese Kompetenz zu entwickeln und auszubauen. Die dabei entstehenden Erfolgserlebnisse empfand ich immer als großartig und wegweisend, spätestens im Nachhinein, nachdem ich sie kapiert hatte.

2.3 Intuition und das Unbewusste

Dieses Buch behandelt das Wort „Intuition" in der Bedeutung als Quelle hilfreicher Informationen aus dem Unbewussten. Es sind Ideen und Hinweise, die oft „einfach so" auftauchen. Wir bezeichnen sie daher auch als Einfälle. Sie sind in unser Bewusstsein gefallen, womit noch nicht geklärt ist, wer oder was sie dort hinein geworfen hat. Es geht an dieser Stelle nicht darum, diesen Mechanismus in wissenschaftlicher Hinsicht zu verstehen, sondern Intuition auf praktische Weise zu erschließen und nutzbar zu machen.

Diese Einfälle empfinden wir manchmal als Geistesblitze, so als ob unser Geist kurz einmal aufgeblitzt, laut gegackert und dann das Ei des Kolumbus gelegt hätte. Das Phänomen kann in besonderen Fällen mit einem gewaltigen Hochgefühl verbunden sein, ganz so, wie es in der Anekdote von Archimedes beschrieben ist. Dort hatte er einst einen wahrhaft genialen Einfall, lief daraufhin nackt durch die Straßen und schrie voller Begeisterung: „Heureka!"; sinngemäß: „Hurra, ich habe es gefunden!"

Einfälle erscheinen in unserem Bewusstsein, wie Nachrichten auf dem Display eines Smartphones. Es macht in irgendeiner Weise „Pling!" und der Einfall wird uns bewusst. Dies geschieht ohne Zutun des Verstandes, zumindest in diesem ursprünglichen Augenblick.

Das Smartphone unserer Zeit ist nur ein kleiner Teil eines gewaltigen Systems, das aus unzähligen Datenquellen und Übertragungseinheiten besteht: das Mobilfunksystem, das nahezu zu jeder Zeit unvorstellbare Datenmengen verarbeitet. Genauso verhält es sich mit unserem Unbewussten, an dem unser Bewusstsein wie ein einzelnes Smartphone angeschlossen ist. Genauso dürfen wir uns die Größenverhältnisse vorstellen, denn im Vergleich zu der gewaltigen Kapazität und Leistung des Unbewussten ist unser Bewusstsein so groß wie ein Berg im Vergleich mit einem Stecknadelkopf. Dennoch ist dieses Bewusstsein das Tüpfelchen auf dem I, und ermöglicht uns, uns als Individuum zu erfahren, mit Ich-Bewusstsein, sprich: Ego.

Das außerhalb unseres Bewusstseins Liegende, das wir deshalb „das Unbewusste" nennen, ist eine hoch kompetente Einrichtung in uns selbst, die erstaunliche Dinge vollbringt. Lassen Sie uns zunächst einmal ansehen, was diese gewaltige Institution in uns alles zu leisten fähig ist.

Früher nannte man es Unterbewusstsein. Sigmund Freud, der Begründer der Psychoanalyse, hat diesen Begriff entscheidend geprägt. In diesem Unterbewusstsein, „Es" genannt, sah Freud die aufgrund unserer Erbanlagen mitgebrachten Triebe und Instinkte wirken. Aufgeprägte Verhaltensmuster packte Freud in den Begriff „Über-Ich", einer Art Ober-Bewusstsein. Nach seiner Vorstellung geschah diese Aufprägung in unserer Erziehung, sowie durch traumatische Erfahrungen und verdrängte Wünsche und Gefühle (vgl. Freud 1923).

„Es" und „Über-Ich" sah Freud als beherrschende Faktoren unseres Verhaltens, die mit dem dazwischen eingeklemmten Bewusstsein gewissermaßen Pingpong spielten. Die außerhalb unseres Bewusstseins wirkenden Verdrängungen, Triebe und Instinkte, hätten, laut Freud, einen größeren Einfluss auf unser Verhalten, als bewusst gesetzte Absichten und Ziele.

2.4 Was sagt die Wissenschaft zum Thema Intuition?

Im Dokumentarfilm „InnSaei – Die Kraft der Intuition" wird gezeigt, wie der moderne Mensch verlernt hat, seine Sinnesdaten wahrzunehmen, und so die Verbindung zur Intuition verloren hat. Weisheit würde durch Wissen ersetzt, und Wissen durch Datenbruchstücke von Informationen. Dadurch wäre der Sinn für Zusammenhänge verloren gegangen. Dies würde zu einer Realitätsferne führen, bis hin zur Ignorierung der Wirklichkeit. Der Film zeigt Intuition als Zugriff auf ein Meer an Informationen in sich selbst. In diesem Film kommen zahlreiche Wissenschaftler zu Wort. Ich halte ihn für eine gute Einführung in das Thema (InnSaei 2016).

In der Philosophie hat das intuitive Erkennen aufgrund von geistiger Anschauung eine gewisse Geltung, und steht im Gegensatz zu dem sogenannten „diskursiven" Erkennen aufgrund von Wahrnehmungen der Sinne und der darauf aufbauenden Schlussfolgerungen[1]. Immanuel Kant stellt in seiner „Kritik der reinen Vernunft" den inneren und äußeren Sinn vor, wobei der innere Sinn die reine Intuition (Intuitione Pura) darstellt, eine Möglichkeit zur Erklärung der Welt jenseits unserer Erfahrung.

In der Psychologie sieht Carl Gustav Jung in der Intuition eine psychologische Grundfunktion zur Wahrnehmung zukünftiger Potenziale und Optionen, eine Art gefühlsmäßige Ahnung. Er unterscheidet zwischen konkreter und abstrakter Intuition. Die systemische Führung sieht Intuition als wesentliches Merkmal für qualifiziertes Management. Die Tiefenpsychologie untersucht die Einwirkung und Auswirkung des Unbewussten, sowie Mechanismen, wie den der Verdrängung. Die Methoden der Psychoanalyse versuchen, intuitive Prozesse zu beschleunigen, um Zustände zu bessern, die als pathologisch gelten.

In der Kognitionsforschung gilt Intuition als Fähigkeit zur Informationsverarbeitung bei großen Datenaufkommen und hoher Komplexität. Hierbei handelt es sich um die Verarbeitung der unbewusst sensorisch eingehenden Informationen in ihrer gesamten Fülle, also unsere Sinneseindrücke.

Der Psychologe Professor Dr. Gerd Gigerenzer hat in seinem Weltbestseller „Bauchentscheidungen" (Gigerenzer 2008), der in 20 Sprachen übersetzt wurde, die vermeintlich ungenaue Intuition analysiert, die er als einst sicherste Form der Erkenntnis tituliert. Diese Fähigkeiten sind dem modernen Menschen verloren gegangen. Er sagt: „Intuition ist gefühltes Wissen. Man spürt schnell, was man tun soll, aber man kann es nicht erklären." Intuition, so zeigt Dr. Gigerenzer, spielt eine enorm wichtige Rolle im Alltag, ohne die es so gut wie unmöglich wäre, überhaupt Entscheidungen zu treffen. Vor allem bei ungenügender Informationslage und geringen Vorkenntnissen sei Intuition sinnvoll. Dabei würde sich Intuition auf den wichtigsten Faktor konzentrieren. Die „Intelligenz des Unbewussten" findet diesen Faktor oft auf Anhieb. Voraussetzung für gute Intuition

---

[1] Philon, Spinoza, Fichte, Husserl.

sind laut Doktor Gigerenzer, „evolvierte Fähigkeiten" des Menschen, also entwickelte und geschulte Fähigkeiten. Ich nenne das Intuitionstraining.

Aufbauend auf den Erkenntnissen von Professor Gigerenzer hat der Redakteur Malcom Gladwell in seinem Bestseller „Blink! Die Macht des Moments" (Gladwell 2005) das Phänomen Intuition auf sehr pragmatische Weise aufgearbeitet, untermalt von zahlreichen erhellenden Anekdoten und Geschichten. Er fordert, sich mit dem ersten Eindruck auseinanderzusetzen, der zu verlässlicheren Ergebnissen führen würde als langwierige Analysen. Gladwell propagiert die Kraft der Spontanentscheidungen, die es zu nutzen und zu trainieren gilt.

Der führende Psychiater Manfred Spitzer hat das Buch „Digitale Demenz" geschrieben (Spitzer 2012), in dem er die fehlgeleitete Bildungspolitik anprangert. Die oberflächliche Beschäftigung mit Informationen, speziell vor dem Hintergrund der technischen Möglichkeiten des Informationszeitalters, würde das aktive Erwerben eigenen Wissens behindern, also die persönliche Erfahrung und Auseinandersetzung. Derartige Lehrmethoden würden das Sozialverhalten stark beeinträchtigen und Depressionen fördern. Spitzer empfiehlt die Stärkung der emotionalen Intelligenz und die Abkehr vom reinen Prinzip der Didaktik und ist aufgrund seiner sehr deutlichen, geradezu vehementen Darstellung unter Kollegen nicht unumstritten. Die, in unserem Zusammenhang sehr interessante Serie von Spitzer läuft seit einigen Jahren im ARD-Bildungskanal BR Alpha und kann dort in der Mediathek angesehen werden (ARD-Alpha 2012–2017).

Der Philosophieprofessor Daniel C. Dennett zeigt in seinem englischsprachigen Werk „Intuition pumps – and other tools for thinking", wie man lernen kann, besser zu denken, indem wir über Bedeutung, Bewusstsein und Evolution nachdenken (Dennet 2014). Außerdem zeigt er einige Denkfallen auf, die es zu vermeiden gilt. Intuition ist für Professor Dennett eine nützliche Sammlung mentaler Werkzeuge, die das Denken verbessern.

William Duggan, Dozent der Columbia Business School, fordert seine Studenten auf, „strategische Intuition" zu entwickeln. Im Gegensatz zu der natürlichen „gewöhnlichen Intuition" und der erworbenen „Expertenintuition" ermöglicht die „strategische Intuition" durch einen Blitz der Erkenntnis den Nebel des Bewusstseins mit einem klaren leuchtenden Gedanken zu durchdringen. Am Ende würde man klarer sehen, was zu tun sei (Duggan 2013).

Der bereits eingangs erwähnte Neurobiologe Dr. Gerald Hüther plädiert für die Neuausrichtung der Biologie im beginnenden 21. Jahrhundert. Lebewesen seien stets mehr als die Summe ihrer physikalischen Teile. Das Zerschneiden in organische Komponenten würde nicht zu einem Verständnis von Leben führen. Dr. Hüther propagiert die „angewandte Neurowissenschaft" in seinem Bestseller „Was wir sind und was wir sein könnten – ein neurobiologischer Mutmacher". Dort empfiehlt er eine Beziehungskultur, die stärker auf Potenzialentfaltung ausgerichtet ist. Der Prozess der Selbsterkenntnis kann die Plastizität d. h. Veränderbarkeit des menschlichen Gehirnes, zum Ausbau der persönlichen Fähigkeiten im Bereich Bewusstsein, Wahrnehmung und Einfühlungsvermögen hervorrufen. Auch er sieht offenbar ein größeres Verbesserungspotenzial in der Hirnnutzung.

2.4 Was sagt die Wissenschaft zum Thema Intuition?

Das unerschlossene Potenzial im Bereich Bewusstsein, Wahrnehmung und Einfühlungsvermögen entspricht in etwa meinem Begriff der intuitiven Kompetenz (Hüther 2013).

Der Biomediziner Dr. Ulrich Warnke, Autor des Buches „Quantenphilosophie und Interwelt" ist davon überzeugt, dass die Evolution das Ergebnis eines zielbestimmten, intelligenten Systems ist. Nach seiner Ansicht gibt es ein universelles Bewusstsein, von dem wir Menschen ein Teil sind. Unser Bewusstsein ist mit dem universellen Bewusstsein kompatibel, weil es laut Dr. Warnke die gleichen Mechanismen benutzt. Er erklärt dies als Zusammenwirken von Gehirnbausteinen, speziell dem Neocortex, dem Sitz logischer Gedanken, im Austausch mit dem limbischen System, dem uralten Teil unseres Gehirns, in dem Gefühle generiert werden. Eine ganz entscheidende Rolle würde die Zirbeldrüse spielen als Wirkungsstätte von Neurotransmittern und Hormonen (Warnke 2013).

Dr. Warnke spricht davon, den „Zensor im Neocortex", also unseren Verstand, weitestgehend abzuschalten, was seiner Meinung nach mit Meditationen recht gut gelingen würde. Dadurch würde das limbische System einen größeren Einfluss erhalten. Demzufolge kämen wir an Informationen heran, an die wir, laut dem Professor, „im Augenblick noch gar nicht denken können". Diese Informationen stammen aus dem „Meer aller Möglichkeiten", wie er es nennt, einer unerschöpflichen Informationsquelle und einer Art kollektives Gedächtnis.

Bislang ist das nur die Meinung eines frei denkenden Wissenschaftlers. Doch wenn Dr. Warnke Recht behält, dann ist Intuition noch viel bedeutsamer als allgemein angenommen. *Intuitive Kompetenz* würde dann einem Leseausweis entsprechen, mit dem man Zutritt zu einer universellen Bibliothek erhält, die alle denkbaren Informationen bereitstellt. Ich möchte mich an dieser Stelle nicht so weit hinauslehnen, freue mich aber auf die zukünftigen Erkenntnisse einer Wissenschaft, die wagemutig in unerforschtes Terrain vordringt.

Wissenschaftliche Deutungsversuche zum Phänomen der Intuition schließen auch Quantenmechanische Hypothesen mit ein. So könnte eine, bereits beim Urknall stattgefundene Quantenverschränkung erklären, wie alles mit allem verbunden ist, und so Erkenntnisgewinn, sprich Intuition ermöglicht. Beispielsweise schildert Dr. Ulrich Warnke seine Überzeugung, dass Elektronen durch Gedanken beeinflusst werden können

Es gibt biologische Untersuchungen, die darauf hindeuten, dass auch Pflanzen über emotionale Zustände verfügen. Die Pflanzenneurobiologie sowie Pflanzenphysiologen haben sich dieses Themas angenommen. Der Biologe Dr. Frantisek Baluska vom Institut für zelluläre und molekulare Botanik der Universität Bonn hat herausgefunden, dass Pflanzen durch elektrische Signale kommunizieren und sagt: „Es ist kaum übertrieben zu behaupten, dass sich die Spitze der Keimwurzel wie das Gehirn eines der niederen Tiere verhält" (Baluska 2009).

Möglicherweise ist die Natur sehr viel intelligenter als wir es ihr zugestehen möchten. Wieder ein Indiz, das auf eine gewisse Kommunikationsfähigkeit zwischen Organismen und Lebewesen hindeutet. Unsere Intuition würde sich dann aus Quellen speisen, die unser eigenes Sein weit übersteigen und die gesamte Natur mit einbeziehen. Dieser Umstand ist nicht ganz so unerklärlich, falls man geneigt ist, die Hypothese von der Vernetzung aller

Organismen in Betracht zu ziehen, von der der bereits erwähnte Biomediziner Dr. Warnke ausgeht.

All diese bruchstückhaften Zusammenfassungen können natürlich nur meinen Eindruck widerspiegeln, der sich nicht unbedingt vollständig mit den zitierten Personen decken muss. Dem interessierten Leser empfehle ich, sich die zitierten Quellen im Original vorzunehmen (siehe Literatur).

Dieser kleine Ausflug zu den Stimmen der Wissenschaft zeigt, dass der Begriff Intuition in der Wissenschaftswelt nicht ganz unbekannt ist. In diesem Buch erfolgt die Betrachtung der Intuition nicht im akademischen Sinne, sondern pragmatisch, mit dem Anspruch der Alltagstauglichkeit. Ich schließe diesen Exkurs mit einem Zitat, das von einem Freigeist und geehrten Wissenschaftler stammen soll:

„Der Intuitive Geist ist ein Geschenk, der rationale Geist sein Diener. Wir haben eine Gesellschaft erfunden, die den Diener ehrt und das Geschenk vergessen hat" (Albert Einstein).

2.5 Mein Weg zur Intuition

Was ist Intuition nun wirklich, und wozu brauchen wir sie? Ist Intuition nicht nur so ein Frauenthema? Ist Intuition überhaupt zuverlässig und brauchbar? Können wir nicht durch Verstand, Ausbildung und Sorgfalt mehr erreichen?

Ich halte meine Frau für eine sehr kluge Person. Mit ihr kann ich selbst die ungewöhnlichsten Ideen diskutieren, wobei sie oft zielsicher Schwachstellen entlarvt. Bemerkenswert fand ich, wie oft sie im Alltag Intuition einsetzt, ganz – sprichwörtlich – intuitiv. Fragte ich dann nach, wie eine intuitive Entscheidung, Beurteilung oder Information zustande gekommen war, so erhielt ich keine verwertbare Antwort. Es sei „eben so" und es wäre eben eine stimmige Empfindung. Mich frustrierten diese unerklärlichen Phänomene, zumal sie rational nicht zu widerlegen waren. Ein Stück erfahrbare Wirklichkeit, die sich dem Verstand hartnäckig entzog.

Intuition, so dachte ich früher, ist ein Trick, den Frauen benutzen, um es mit männlichem Sachverstand aufzunehmen. Ich nahm an, dass die Äußerung: „ich weiß das eben intuitiv, ich hab das im Gefühl", eine Methode war, um sich um eine logische Begründung zu drücken, weil diese sowieso nicht vorhanden war. Das lag nahe, da Intuition regelmäßig ohne verstandeskonform abgesicherte Beweisführung auftritt.

Wie viele rationale Menschen, auch noch in der heutigen Zeit, ging ich damals davon aus, dass Intuition nichts weiter als ein Mythos wäre, eine romantisch abergläubische Vorstellung. Damit war ich komplett auf dem Irrweg. Häufig geriet ich in Situationen, in denen weibliche Intuition rascher zu Ergebnissen führte, oder verlässlichere Ergebnisse produzierte als selbst meine aufwendigste Verstandesknobelei. Vielleicht lag die Häufigkeit auch daran, dass ich sehr viel Zeit verbrachte mit jener Person, die Intuition ganz gewohnheitsmäßig einsetzte und die dann später meine Frau wurde. Noch viel später

2.5 Mein Weg zur Intuition

wurde mir klar, dass auch meine Entscheidung für sie, alles andere als eine logische Entscheidung gewesen war, sondern eine sogenannte „Bauchentscheidung", eben Intuition.

Als Verstandesmenschen neigen wir dazu, Phänomene, die nicht in unsere Vorstellungswelt passen, als Hirngespinste abzutun. Doch nachdem meine Aufmerksamkeit einmal geweckt war, wollte ich es genau wissen und nahm mir vor, das Phänomen der Intuition im Blick zu behalten, natürlich um sie bei Gelegenheit zu widerlegen und dem Verstand, mein damaliger Maßstab aller Dinge, huldigen zu können.

Ein besonders einschneidendes Erlebnis brachte das Thema „Intuition" dann endgültig auf meine Agenda, und zwar als Top-Thema, das sich dort bis heute gehalten hat. Ich habe es nie bereut, diesem Thema die angemessene Aufmerksamkeit zu schenken. Dafür wurde ich selbst reich belohnt. Doch dazu ein andermal. Jetzt erst einmal das Schlüsselerlebnis.

Meine Frau und ich waren mit einem neuen Geschäftspartner beim Abendessen, eine ungezwungene Atmosphäre zum gegenseitigen Kennenlernen. Nach anfänglichen Vorbehalten war ich sehr angetan von der neuen Geschäftsbeziehung und freute mich auf eine erfolgreiche Zusammenarbeit. Auf der Rückfahrt tauschten meine Frau und ich uns über unsere Eindrücke aus. Dabei überraschte sie mich mit ihrer Einschätzung des zukünftigen Partners. Ihr Eindruck war völlig entgegengesetzt zu meinem. Dabei war meine Frau zu keinerlei Begründung in der Lage, die ihren Eindruck für mich nachvollziehbar gestaltet hätte. Es blieb mir nichts übrig, als ihren Beitrag insgeheim als irrelevant und „unsubstantiiert"[2] anzusehen. Ich erklärte mich damals in der Vorstellung zum Sieger der Debatte und ignorierte die lästigen Vorbehalte meiner Frau, die nicht zu meinen Verstandesplänen passten. So stürzte ich mich in Folge umso entschlossener in die Geschäftsbeziehung. Ich ignorierte auch die „irrationalen" Bedenken meiner Frau, die sich im weiteren Verlauf ergaben. Ebenso unterdrückte ich jeden Ansatz eigenen Zweifelns, da der Verstand bei bestem Grübeln keine Veranlassung dazu erkennen konnte.

Um es kurz zu machen: Die Intuition konnte ich zwar belächeln und ignorieren, am Ende behielt sie Recht. Die Intuition und meine Frau, versteht sich.

Ich musste erkennen, dass ich mich durch meine Ignoranz in ein Abenteuer gestürzt hatte, mit ungewissem Ausgang und unübersehbaren Kosten. Erst als die Katastrophe eingetreten war, mochte ich mich wieder daran erinnern, dass ich anfangs „auch so ein Gefühl" hatte, es aber nicht wahrhaben konnte.

Diese und ähnliche Vorfälle nagten an meiner Vorstellung vom Verstand. Ich begriff ihn bisher als Werkzeug, das man nur genug schärfen musste, sprich: trainieren, um alle Probleme zu lösen. Mit dem geschärften Messer des Verstands, so wähnte ich, könnte man ungeheuer komplexe Entscheidungssituationen tranchieren, äußerst präzise in handliche Fakten aufspalten, die dann einzeln begreifbar und argumentativ aussortierbar wären. Es war die Idee vom Verstand als mächtigem Schwert, das alles durchdringt; das

---

[2]Gemeint ist: ohne Substanz, also unbegründet. Eine Vokabel, die ich damals gerne und allzu oft benutzte.

Leben als perfekte Verwirklichung logischer Zusammenhänge. „Ach, wäre nur alles so schön und strukturiert wie das Verstandesparadies der Mathematik", dachte ich damals im Studium, als mich die weibliche Psyche noch verwirrte und irritierte.

Doch die Realität weigerte sich, meiner Logik zu folgen. Ich drehte mich im Kreis, bis ich bereit war, diese krampfhafte Vorstellung loszulassen, um kühn in Bereiche vorzustoßen, die noch nie ein logischer Verstand ohne fremde Hilfe beschritten hat. Natürlich ist damit die Hilfe der Intuition gemeint.

Es war dann kein Wunder dass ich mehr von dieser wundersamen Fähigkeit lernen wollte, der Intuition. Ich hielt sie für eine Geheimwaffe mit nahezu magischer, weil unerklärlicher Wirkung. Nur gab es so gut wie keine Weiterbildungsangebote, um diese interessante Fähigkeit zu lernen. Ich nutzte alle Angebote, die mir als seriös genug erschienen. Damals, Anfang der 1990er-Jahre, las ich alles, was ich zu diesem Thema in die Finger bekommen konnte. Es war nicht genug, um mich satt zu machen. Konnte es sein, dass ein so überaus wichtiges Thema in unserer Gesellschaft noch kaum Verbreitung gefunden hatte?

Also spezialisierte ich mich auf das Thema Intuition, weil ich es als äußerst spannend, ja geradezu inspirierend empfand. Ich betrieb eigene Forschungen, gründete Netzwerke, und tauschte mich mit anderen Experten dieses Themas aus. Heute kann ich mit Fug und Recht erklären:

▶ Intuition kann genauso zuverlässig sein, wie jede andere Fähigkeit, die wir erwerben.

Und das war eine Sensation für mich, denn davor zählte ich Intuition in den diffusen Bereich der Esoterik, wie Hellsehen und Zauberei.

Intuition kenne ich heute als die Fähigkeit, mit dem unbewussten Teil unseres Selbst zu kommunizieren. Dabei erfolgt der Informationsfluss größtenteils vom Unbewussten in unser Bewusstsein.

Ja, Intuition ist erlernbar. Das sage ich Ihnen aus Erfahrung und Überzeugung. Intuition kann man üben und trainieren. Da die allermeisten von uns Intuition noch nicht als Studienfach hatten, können bereits kleine Fortschritte in dieser Disziplin sehr große Veränderungen im Leben bewirken.

2.6 Intuition als Sinneskanal?

Es gilt als allgemein bekannt, dass wir Menschen über fünf Wahrnehmungssinne verfügen. In einem sechsten Sinn fassen wir Phänomene zusammen, die außerhalb dieser fünf Sinne auftreten, und die im Sprachgebrauch als „übersinnlich" bezeichnet werden.

Gibt es einen sechsten Sinn? Diese Bezeichnung steht für außersinnliche Wahrnehmungen, auch als PSI-Fähigkeit bezeichnet. Zu hypothetischen PSI-Fähigkeiten werden

2.6 Intuition als Sinneskanal?

Hellsehen, Telekinese, Telepathie und Zukunftssicht gezählt. Manche Menschen behaupten, über derartige Fähigkeiten zu verfügen. Einige davon haben aus dieser Behauptung heraus ein Geschäftsmodell entwickelt, wie beispielsweise Handlesen und Wahrsagen. Die Wissenschaft erklärt diese okkulten Praktiken teilweise durch Methoden aus der Mentaltechnik, wie zum Beispiel „Cold Reading" (z. B. Rowland 2015). Im Gegensatz zum „Hot Reading", bei dem zuvor Informationen gezielt recherchiert werden, benutzt man bei „Cold Reading" Informationen, die aus offen wahrnehmbaren Merkmalen, wie Alter, Geschlecht, Styling und Ausdrucksweise abgeleitet werden. Daraus werden positiv formulierte Floskeln abgeleitet, wie „Sie fühlen sich manchmal...", die für viele Menschen in vergleichbarer Situation und Auftreten zutreffen können. Dabei beobachtet der Mentalist Mimik und Körpersprache, woran er den Grad der Zustimmung erkennt und sich entsprechend korrigiert. Verbunden mit einer suggestiven Sprechweise entsteht bei manchem Menschen, der sich nach Trost, Zustimmung oder insgeheim nach etwas Führung im Leben sehnt, der Eindruck, an einer übersinnlichen Erfahrung teilzunehmen. Mit Übersinnlichkeit hat das nichts zu tun.

Alle Eindrücke, die in unser Bewusstsein wandern, kommen aus Sinneskanälen. Die Informationswandlung, beispielsweise vom Schall zum Hören, erfolgt in Sinnesorganen, in unserem Beispiel das Ohr. So eine Schnittstelle würde auch ein Hellsehender benötigen, sollte er in der Lage sein, Signale beispielsweise aus dem Jenseits[3] zu empfangen. Er würde damit über einen Sinneskanal verfügen, der ihm diese Informationsquelle erschließt. Demnach gibt es keine Wahrnehmung außerhalb der Sinne. Außersinnliche Wahrnehmungen sind damit per Definition ausgeschlossen, nicht jedoch Wahrnehmungen außerhalb unserer gewöhnlichen fünf Sinne[4].

Genauso sind übernatürliche Phänomene unmöglich, und zwar per Definition. Alles, was innerhalb der Natur unseres Universums passiert, folgt den Gesetzen dieses Universums, ist also natürlich. Davon geht jedenfalls die Wissenschaft aus, die diese Phänomene zu untersuchen versucht. Auch künstliche Stoffe, wie Plastik, sind nicht herbeigezaubert, sondern mittels physikalischer und chemischer Verfahren aus natürlich vorkommenden Ausgangsmaterialien, den Rohstoffen hergestellt. Diese Umformungen nennen wir denaturieren.

Für Übernatürliches gibt es in diesem Universum definitiv keinen verbleibenden Raum, lediglich für übernatürlich Wirkendes, also Erscheinungen, die für uns noch unerklärlich sind.

Auch scheint es einen allgemeinen Konsens zu geben, dass „normale" Menschen offensichtlich nicht über übernatürlich wirkende Kräfte verfügen, jedenfalls nicht in unserer Welt, die von Aufklärung und Wissenschaft geprägt ist.

---

[3] Jenseits, hier im Sinne von: Jenseits der physikalischen Welt.
[4] Manchmal werden Wahrnehmungen, die über die fünf Sinne hinausgehen, schon als übersinnlich bezeichnet, was aus meiner Sicht irreführend ist.

Etwas zu wissen, was der Verstand nicht wissen kann, oder etwas zu können, was als menschenunmöglich gilt, erscheint wie Zauberei. Es gibt eine Literaturgattung, die sich diesen Effekten verschrieben hat, die Fantasy-Romane, zu der auch Märchen zählen.

In Fantasy-Geschichten wird oft genau erklärt oder zumindest vorausgesetzt, dass diese Fähigkeiten etwas Besonderes sind, gar angeboren sein müssen. Normale Menschen verfügen in diesen Geschichten in der Regel nicht über diese Begabung. Bei den Harry-Potter-Romanen werden diese armen Normalos mit dem verniedlichenden Begriff „Muggel" abqualifiziert. In der Welt der Fantasie gibt es auch Vampire und Dämonen, Geister und bestimmte Menschen, die sich bei Vollmond unwillkürlich in Wölfe verwandeln. Dabei sind die Eigenarten dieser Erscheinungen überraschend einheitlich festgeschrieben, als ob es irgendwo altertümliches Wissen gäbe, das alle Autoren nutzen. Beispielsweise werden Vampire in der Regel durch Sonnenlicht in Brand gesteckt. Zur Entfaltung von Zauber ist regelmäßig ein Zauberstab erforderlich; ein Amulett oder ein Talisman schützt vor Unglück, all dies gewissermaßen technische Hilfsmittel. So entstand ein weitgehend homogenes Vorstellungsgebäude, für manche eine Art Wunschuniversum, in dem es Hexen mit übersinnlichen Fähigkeiten gibt, zusammen mit Zauberern, welche die Elementarkräfte beherrschen, bis hin zu Superhelden, die fliegen können oder über andere unerklärliche Kräfte verfügen.

Diese Vorstellungswelt geht nahtlos über in die Literaturgattung, die Science-Fiction. Dort werden unsere technischen Fähigkeiten fortgeschrieben, beispielsweise in der Gestalt geheimnisvoller Apparaturen mit phantastischen Eigenschaften. Es gibt Antriebe, die schneller sind als das Licht, sowie Apparate, mit denen man durch die Zeit reisen kann. Um einen tödlichen Feuerzauber zu entfalten, wird dort kein Zauberstab in Kugelschreiberformat eingesetzt, sondern ein „Phaser" im Pistolenlook. Gerne werden, neben fortgeschrittener Technik, auch übersinnliche Fähigkeiten eingemischt, die durch Drogen oder einen Spinnenbiss erworben werden, oder ebenfalls durch Geburtsrecht, wie die X-Men, deren übermenschliche Fähigkeiten durch genetische Ausstattung begründet werden. Die PSI-Fähigkeit der Teleportation kann in der Science-Fiction auch technisch realisiert werden und heißt dort „beamen".

Tausende Autoren liefern unentwegt Geschichten, die vorgeblich der Unterhaltung dienen. Irgendwie haben wir das wohlige Gefühl, dass wohl irgendetwas dran ist an diesen Vorstellungen. Doch unser Verstand fegt dies beiseite. Schließlich sind wir rationale Menschen und von der Wissenschaft überzeugt.

Wir sind so vertraut mit unseren Hauptsinnen, dass wir nicht bemerken, dass viele Sinne, über die wir verfügen müssen, noch wenig erforscht sind. Wir können dies durch Deutung unserer Alltagserfahrungen herleiten, wobei wir die Möglichkeiten der deduktiven Logik benutzen.

Die deduktive Logik ist ein Instrument der Wissenschaft, um neue Erkenntnisse zu gewinnen. Dabei geht man von einer Annahme aus, die zunächst argumentativ bewiesen wird, später empirisch, also durch Stichproben, überprüft wird. Diese Stichproben ermöglichen Erfahrungen über den zu durchdringenden Sachverhalt. Sie werden „Experiment" genannt und sind dadurch gekennzeichnet, dass in einer bestimmten, dem Versuchsleiter als geeignet erscheinenden Umgebung eine Beobachtung gemacht wird, welche die zugrunde liegende Annahme entweder bestätigt oder widerlegt.

Es liegt in unserer menschlichen Natur, dass wir die umgebende Welt erfahren, indem wir uns und unsere Fähigkeiten ausprobieren. Diese Erfahrungen ermöglichen es uns, gewisse Zusammenhänge zu verstehen, um unser Verhalten so weit anzupassen, und gewünschte Ergebnisse zu erzielen. Zum Beispiel laufen wir mit unseren zwei Beinen, um von einer Stelle zu einer anderen zu kommen. Damit wir dieses Ergebnis erzielen, schulen wir unsere Fähigkeiten, indem wir in diesem Beispiel schon als Kind das Laufen erlernten. Ähnlich lernen wir unsere Sinnesorgane zu benutzen: zu sehen, und zu hören, zu sprechen. Dies lernen wir so lange, bis wir in den seltsamen Lauten unserer Eltern einen Sinn erkennen, und diese Laute selbst einsetzen können. Damit lernen wir hören und sprechen.

Jeden unserer Sinne müssen wir zuerst trainieren, um ihn sinnvoll(!) einsetzen zu können. Das ist uns oft nicht bewusst, da wir als Kinder dies wie von selbst tun. Dennoch gibt es Menschen, die diese Fähigkeiten ihrer Sinne in unterschiedlicher Ausprägung entwickelt haben. Ein Sommelier hat beispielsweise Geruchs- und Geschmackssinn trainiert, um bei der Weinverkostung auch noch Nuancen im Geschmack des Getränks wahrnehmen zu können, die einem ungeübten Menschen entgehen. So ist es mit allen Sinnen. Auch Intuition muss geübt werden.

Sinneseindrücke sind stets an einen Mechanismus gebunden, der uns diesen Sinn erschließt. Wir nennen diesen Mechanismus Sinnesorgan. Dabei kann ein Sinnesorgan, so wie wir es verstehen, unterschiedliche Phänomene zusammenfassen und gemeinsam abbilden. So sehen wir mit unseren Augen nicht nur Abstufungen zwischen hell und dunkel, sondern auch Farben. Physikalisch sind es die unterschiedlichen Größen Intensität und Frequenzspektrum. Mit unserem Sinnesorgan Haut erfühlen wir nicht nur mechanische Reize, sondern auch Temperaturunterschiede. In der Technik werden diese Sinnesorgane auch Sensoren genannt.

Wir Menschen verfügen über unzählige Sensoren, die Informationen – Sinnesreize – abbilden. Neben den fünf landläufigen Sinnen gibt es noch einen Sinn, der uns hilft, zwischen unten und oben zu unterscheiden. Die Wissenschaft hat dazu ein Organ ermittelt, das im Innenohr angesiedelt ist. Ohne diesen Gleichgewichtssinn könnten wir nicht auf zwei Beinen laufen.

Ein weiterer Sinnesreiz lässt uns das wohlige Gefühl erfahren, satt zu sein. Ohne diesen Sinn wüssten wir nicht, wann wir genug haben. Weitere Sinnesreize signalisieren uns, wann es Zeit ist, eine Toilette aufzusuchen. Allesamt sehr sinnvolle Einrichtungen.

Dem einen oder anderen widerstrebt es vielleicht, innere Regungen – Körperwahrnehmungen – als Sinneseindrücke zu sehen, zumal die fünf klassischen Sinne gewissermaßen nach außen gerichtet sind. In diesem Buch geht es um Intuition, oft auch als „Bauchgefühl" bezeichnet. Diese Intuition wird oft als sechster Sinn bezeichnet, was nicht so falsch ist, denn es handelt sich dabei um einen Informationskanal, der wie ein weiterer Sinn wirkt. Wir nennen diesen Kanal auch „die innere Stimme".

Offenbar gibt es unzählige Sinne, jedenfalls ganz sicher mehr als die bekannten fünf Hauptsinne. Und sie haben alle Auswirkungen auf unser bewusstes und unbewusstes

Sein, je nachdem, inwieweit wir mit diesem Sinnesorgan Erfahrungen gesammelt haben, indem wir es benutzt haben. Unsere Fähigkeit zu sehen, hängt sehr davon ab, inwiefern wir diese Fähigkeit geschult haben. Dies erkennen wir bei Menschen, die von Geburt an blind waren und nachträglich ihre Sehfähigkeit erhielten, etwa durch eine Operation. Zunächst können diese Menschen mit den neu gewonnenen Sinnesreizen wenig anfangen. Die Sehfähigkeit als die Fähigkeit zu erkennen, abzuschätzen, muss erst mühsam erlernt werden. Wird eine Fähigkeit nicht trainiert, so verkümmert sie.

Die meisten Tiere haben ähnliche Sinne wie wir Menschen. So ist das Auge aller Spezies sehr ähnlich aufgebaut, mal abgesehen von Insekten, deren extrem kompakte und reduzierte Bauart einen stark vereinfachten Sehmechanismus erforderlich macht.

Natürlich sind die Sinne unterschiedlich ausgeprägt. Ein Adler sieht offenbar schärfer und gezielter als wir Menschen. Katzen haben ein empfindlicheres Sehorgan, das auch noch in sehr lichtarmen Situationen Sinneseindrücke erlaubt.

Gewisse Spezies verfügen über ganz erstaunliche Fähigkeiten. Zugvögel verfügen offenbar über so etwas wie ein biologisches GPS-System, das ihnen eine genaue Navigation über Tausende von Kilometern erlaubt. Diese Vögel haben grundsätzlich einige ähnliche Sinnesorgane wie wir Menschen. Sie können sehen, hören, wahrscheinlich schmecken und fühlen. Dies ist nicht unerklärlich, sondern könnte daran liegen, dass viele Arten auf gemeinsame Vorfahren zurückzuführen sind, bei denen diese grundsätzlichen Fähigkeiten bereits angelegt waren, wie das Sehen. Interessant ist der Umkehrschluss: Verfügen Tiere über gewisse Sinneskanäle, so sind sie möglicherweise auch bei uns Menschen vorhanden, zumindest in rudimentärer Form. Möglicherweise haben auch wir die Fähigkeit, uns auf noch rätselhafte Weise zu orientieren. Da wir diese Fähigkeit nicht trainiert haben, ist sie nur schwach ausgebildet und steht uns nicht bewusst zur Verfügung. Dennoch fließen durch diesen Kanal Informationen in unser Unbewusstes.

Die Intuition ermöglicht, an diese Informationen aus dem Unbewussten heranzukommen. Mit entsprechender Ausbildung und/oder Übung lässt sich das Unbewusste gezielt abfragen. Mit diesen Anfragen an unser Unbewusstes gleicht dieses dem nahezu endlosen Raum des Internets. Dem Internetanschluss entspricht unsere Intuition, die uns mit dem Unbewussten verbindet. Um das Internet nutzen zu können, benötigen wir ein Gerät, das für Abfragen im Internet eingerichtet ist. Dieses Gerät verfügt über einen Browser, in dem wir beispielsweise Suchabfragen tätigen können. Darauf liefert uns die Suchmaschine, beispielsweise Google, die Ergebnisse.

Ähnlich funktionieren auch Abfragen im Unbewussten. Das Gerät für diese Abfragen ist unser Bewusstsein.

▶ Googeln im Unbewussten

Dem Browser entspricht eine spezielle Mentaltechnik, die Intuition nutzbar macht, und die im Intuitionstraining erlernt wird. Als Ergebnis der Abfrage erhalten wir Einfälle und Impulse, die wirklich hilfreich und wichtig sein können. Das ist dann nicht ein unübersehbarer Wust an nicht näher qualifizierten Fundstellen, wie bei einer Abfrage im

Internet, sondern genau die bestimmte Antwort, die wir benötigen. Das heutige Google kann noch viel davon lernen.

Die Datenbank des Unbewussten ist deshalb so mächtig, weil sie beispielsweise die Quintessenz unseres ganzen Lebens enthält, alle Erfahrungen und alle Daten, auch diejenigen, die uns nicht durch bewusstes Erinnern zugänglich sind.

Sehr wahrscheinlich ist das Netzwerk unseres Unbewussten sehr viel größer als wir zunächst annehmen. Der Biomediziner Dr. Ulrich Warnke könnte am Ende also doch Recht behalten.

2.7 Das Erwachen und Einschlafen der Intuition

Junge Menschen haben eine wunderbare Eigenschaft: alles infrage zu stellen. Die Erwachsenen nennen das „das Trotzalter". Die jungen Menschen beginnen dann, sich mit der Welt um sie herum auseinanderzusetzen. Sie betrauern tote Wale, retten Bäume und setzen sich für die Belange von Minderheiten ein. Sie träumen davon, Greenpeace aktiv zu unterstützen, oder ein „Arzt ohne Grenzen" zu werden. Das ist nicht einfach nur eine romantische Verklärung, sondern das Erwachen der Intuition, der Fähigkeit, tiefes Verständnis für das ganze Sein zu empfinden und in den Fluss des Lebens einzutauchen, sein Leben in Sinn und Erfüllung zu verwirklichen. Nach ein paar Jahren im Trott des Berufslebens ist davon so gut wie nichts mehr übrig geblieben. Im Rückblick wird diese Lebensphase belächelt, als letztes Aufbäumen der Kindlichkeit. Oft ist dann das Herz eine vernarbte Mördergrube der Zweckmäßigkeit und des verlorenen Sinns.

Der Verlust der Unschuld in diesen Jahren hat nichts mit sexueller Betätigung zu tun. Es ist der Verlust der Reinheit des Herzens, sowie die eigene Brutalisierung und Abstumpfung gegenüber den wahren Werten, die uns ausmachen. Erst viele Jahre später wird es dem einen oder anderen klar, nach manchen Schicksalsschlägen, mit oder ohne erlittenen Zusammenbrüchen, was er damals verloren hat, als er sich in den Mainstream eingleisen ließ und sich selbst verraten hat.

Zurück zu dieser bemerkenswerten Trotzphase. Oft gelingt es dem Betroffenen, das Beste in sich zu entdecken und zu fördern. Es ist so, als ob sich ein neuer Sinn erschließen würde, der Sinn für Zusammenhänge und für Bedeutung. Eben noch Kind, findet sich der Mensch in einer Phase intuitiven Verständnisses. Das Gefühl für Recht und Unrecht ist sehr stark ausgeprägt. Der junge Mensch spürt, wenn Dinge, Sachverhalte oder Umstände nicht stimmig sind und lehnt sich dagegen auf. Es besteht ein intuitives Verständnis für alle Belange des menschlichen Seins. Natürlich ist dieses universelle Verständnis bereits überlagert von eingeübten Verhaltensweisen und kulturellen Prägungen, oft aus dem Fernsehen oder dem Internet übernommen. Auch die erwachenden Triebe bringen zusätzliche Verwirrung. Doch die tiefe intuitive Verbindung ist da und sie wirkt, bei dem einen Menschen mehr, bei dem anderen weniger. Die empfundenen Unstimmigkeiten führen oft in Zustände der Melancholie. Nie empfinden wir mehr Weltschmerz als in dieser Lebensphase.

Allzu selten treffen diese Menschen auf Unterstützung. Oftmals drängen Eltern oder Erzieher, und fordern, dass sich dieser Mensch wieder einreiht, den Gegebenheiten unterwirft, endlich den Ernst des Lebens anerkennt.

So verschwindet diese Phase im Fluss des Lebens und macht dem Alltag Platz. Dann spielen Themen wie Beruf oder Karriere und Beziehung für eine Zeit lang die alles beherrschende Rolle. In Wirklichkeit ist es ein Pakt mit dem Teufel, der unsere Seele verbrennt – natürlich bildlich gesprochen.

Die Lebensphase, in welcher sich diese intuitiven Fähigkeiten ausprägen, findet in einer Zeit statt, in der sich die Betreffenden in der Ausbildung befinden oder in Abitur und Studium. Das Lernen, wie es heute stattfindet, setzt eine intensive Verstandestätigkeit voraus. Dies ist kontraproduktiv zu den gleitzeitig erwachenden intuitiven Fähigkeiten, die dadurch überdeckt, verdrängt, oft lebenslang zurückgedrängt werden. Wir nehmen den jungen Menschen dadurch die Chance, sich selbst zu finden und den eigenen Lebensweg zu entdecken. Uns ist wichtiger, diese Menschen einzugliedern, zurechtzustutzen und kompatibel zur Gesellschaft zu machen. Über die dadurch verursachten Spätfolgen machen wir uns keine Vorstellung. Lieber produzieren wir Menschen, die wie Maschinen funktionieren und unserem Entwurf der Leistungsgesellschaft angepasst sind. Durch diesen Konservatismus wird Innovation und die Weiterentwicklung der Gesellschaft stark behindert.

Wenn Jugendliche nicht schon in der Kindheit vorbelastet und traumatisiert wurden, so entwickeln sie in dieser Phase ein natürliches Gefühl für Recht und Gerechtigkeit, oft eine geradezu vorbildliche Ethik. So ein Jugendlicher möchte sich einbringen, etwas befähigen, etwas Gutes tun, anderen Menschen helfen. Diese Phase wird dann oft durch den Umgang der Gesellschaft langsam erstickt.

Falls Sie Kinder haben, wissen Sie, welche Verantwortung Sie trifft. Bestärken Sie diese jungen Menschen, ihren Herzensweg zu finden und zu gehen. Sie tragen damit dazu bei, dass in der kommenden Generation mehr Ausgleich im Ungleichgewicht zwischen Verstand und Gefühl erfolgt.

2.8 Wo findet Intuition Platz in unserer Welt?

Es ist eine Frage, die sich jeder selbst beantworten mag. Inwiefern sind Sie bereit, immaterielle, nicht stoffliche Erscheinungen anzuerkennen, die so etwas wie ein Eigenleben besitzen? Es wäre etwas, das wir mit unseren Sinnen nicht direkt erfassen könnten. Klingt das nicht ein wenig gespenstisch? Wie ist Ihre Meinung? Gibt es diese immateriellen Erscheinungen? Vorsicht – Fangfrage!

Geborene Skeptiker würden diese Frage ohne mit der Wimper zu zucken mit „Nein" beantworten. Sie müssten dann allerdings auch die Existenz von so etwas Abstraktem wie Software abstreiten, da Software, also Programme, grundsätzlich immateriell sind. Sie sind nicht identisch mit dem Datenspeicher, auf dem sie lediglich aufgezeichnet sind, noch identifizieren sie über die Hardware, in der sie hausen. Die Immaterialität von Programmen könnte daran erkennen, dass Programme beliebig kopiert werden können. Versuchen Sie so etwas mal mit einem Gegenstand, beispielsweise einem Tisch oder einem Automobil. Sie begreifen den Unterschied!

Egal wie viele Informationen wir auf einen Datenspeicher draufpacken, er wird dabei nicht schwerer.

Interessant sind die daraus gezogenen Schlüsse: Wenn es Immaterielles gibt, das Wirkung und Einfluss besitzt, dann könnte dieses Immaterielle auch grundsätzlich völlig anders strukturiert und uns noch unbekannt sein. Es könnte andere Eigenschaften aufweisen, als die uns inzwischen vertraute Software, mit der wir täglich zu tun haben, sie begriffen haben, obwohl wir nicht in der Lage waren, sie anzufassen. Trotzdem haben wir sie benutzt, und damit erfahren und erlebt.

Dieses weiterführende immaterielle Gebilde würde sich im Augenblick noch unserem Verständnis entziehen, wie es vor 100 Jahren auch nahezu unvorstellbar war, dass es jemals so etwas wie Software geben könnte. Damals galt das Paradigma, dass Funktionalität stets in gewisser Weise mechanisch entstand, dass sich aus der Form die Funktion ableitete. Das bedeutete, dass Geräte sich aufgrund ihrer konstruktiven Beschaffenheit nur für bestimmte Anwendungszwecke eigneten. Von der Flexibilität eines heutigen Smartphones existierte damals noch kein blasser Schimmer.

Stellen wir uns vor, welch unentdeckte Bereiche ähnlicher Art noch auf uns warten. Bereiche, die in Regionen vorstoßen, die wir uns heute nicht vorzustellen vermögen. Es könnten völlig neue Wissensbereiche entstehen, wie in der jüngsten Vergangenheit die Informatik, für die vor 100 Jahren weder Bedarf noch die Grundlagen ihres Verstehens vorhanden waren.

Wenn wir also fähig sind, in der Rückschau die damalige Begrenztheit der Vorstellung zu begreifen, so könnten wir der Gegenwart und uns selbst ein ähnliches Unvermögen unterstellen, das aus einer umfassenderen Sicht zukünftiger Generationen belächelt werden wird.

Was spricht dagegen, heutige Phänomene zu untersuchen, die zwar unerklärlich, nicht jedoch außerhalb des Erfahrungsbereichs sind? Ich empfehle hierzu die Aktivierung eines pragmatischen Menschenverstandes.

2.9 Fallbeispiel: Mesmerismus

Die Methoden des Franz Anton Mesmer (1734–1815, siehe Abb. 2.3), der Mesmerismus, bzw. animalischen Magnetismus praktizierte, galten als Scharlatanerie, bis sich daraus die heutige Form der Hypnose entwickelte. Ärzte und Therapeuten nutzen Hypnosetechniken heute in vielfältiger und anerkannter Weise. Ich selbst sehe Hypnose als kritisch an, gehöre damit aber mittlerweile zu einer Minderheit. Meine Ablehnung resultiert aus der Überzeugung, dass wir schon genug unter Fremdsuggestionen leiden. Wenn wir einer fremden Stimme bereitwillig Zugang zu unserem Unbewussten, zum Innersten geben,

Abb. 2.3 Friedrich Anton Mesmer

und unsere natürlichen Abwehrmechanismen absichtlich senken, bleibt das nicht ohne ernste Folgen.

Mentaltraining wurde jahrelang der Esoterik zugerechnet. Dann hat die Sportpsychologie diese Methode für sich entdeckt, um Bewegungsabläufe zu optimieren und das Training zu intensivieren. Dabei wird gezielt die Vorstellungskraft genutzt. Das Training ist umso effektiver, je intensiver die Vorstellung wirkt. Inzwischen ist Mentaltraining auch im geschäftlichen Bereich verbreitet. Dort wird es beispielsweise zur Selbstmotivation eingesetzt, oder um stressbedingte Reaktionen besser kontrollieren zu können. Dem Mentaltraining, also der Kopfsache, ist ein eigener Band der Reihe *Chefsache* gewidmet mit dem Titel *Chefsache Kopf* (Heimsoeth 2015).

Es deutet alles darauf hin, dass Intuitionstechnik die nächste, erfolgsentscheidende Technik wird, mit ebenso spektakulären Ergebnissen.

Damit der Verstand funktionieren kann, muss er ein paar Pflöcke einschlagen, also Festlegungen treffen. Auf Basis dieser Annahmen trifft er dann Entscheidungen. Diese Annahmen werden auch Paradigmen genannt. Sind sie falsch, so sind auch die Entscheidungen falsch, die sich daraus ableiten.

Deshalb schauen wir uns jetzt an, wie der Bereich aussieht, den der Verstand als „wahr" deklariert, und stellen das zur Disposition, was er zu wissen glaubt.

Literatur

ARD-Alpha. (2012–2017). Beiträge siehe Link zur ARD-Mediathek. http://www.ardmediathek.de/tv/alpha-Forum/Gerald-Hüther-Neurowissenschaftler/ARD-alpha/Video?bcastId=14912942&documentId=34146744.

Baluska, F. (2009). „Pflanzen kommunizieren durch Elektrosignale – Reaktion auf Umweltreize bereits nach zwei Sekunden messbar", Pressetext, abzurufen unter https://www.pressetext.com/news/20090218002.

Dennett, D. C. (2004). „Intuition Pumps And Other Tools for Thinking", erschienen im Mai 2014 im Verlag W. W. Norton & Company, Inc., ISBN 978-0-393-34878-1, Buchseite im Verlag. http://books.wwnorton.com/books/Intuition-Pumps-And-Other-Tools-for-Thinking/.

Dietrich, R. J. (2016). Artikel „Beton ist kein Baustoff für Brücken!" vom 29. Januar 2016. http://www.db-bauzeitung.de/aktuell/diskurs/beton-ist-kein-baustoff-fuer-bruecken/.

Duggan, W. (2013). "Strategic intuition: The creative spark in human achievement", Reprint vom 4. Juni 2013 der Columbia University Press, ISBN 978-0-231-14269-4, Buchseite im Verlag. https://cup.columbia.edu/book/strategic-intuition/9780231142694.

Freud, S. (1923). Sachbuch „Das Ich und das Es", veröffentlicht 1923 und im Volltext. http://gutenberg.spiegel.de/buch/das-ich-und-das-es-932/1.

Gigerenzer, G. (2008). „Bauchentscheidungen – Die Intelligenz des Unbewussten und die Macht der Intuition", erschienen am 13.05.2008 im Goldmann Verlag, ISBN 978-3-442-15503-3, Buchseite im Verlag. https://www.randomhouse.de/Taschenbuch/Bauchentscheidungen/Gerd-Gigerenzer/Goldmann-TB/e258307.rhd.

Gladwell, M. (2005). „Blink! Die Macht des Moments", erschienen am 11. Januar 2005 im Campus Verlag, EAN 9783593377797, Buchseite im Verlag. http://www.campus.de/buecher-campus-verlag/wirtschaft-gesellschaft/wissen/blink-2434.html.

Heimsoeth, A. (2015). „Chefsache Kopf – Mit mentaler und emotionaler Stärke zu mehr Führungskompetenz", erschienen am 14. Juni 2015 im Verlag Springer/Gabler, Buchseite im Verlag. http://www.springer.com/de/book/9783658057749#aboutAuthors.

Hüther, G., Dr. (2013). „Was wir sind und was wir sein könnten – Ein neurobiologischer Mutmacher", Erschienen am 21. Februar 2013 beim S. Fischer Verlag, ISBN: 978-3-596-18850-5, Link zur Buchseite im Verlag. https://www.fischerverlage.de/buch/was_wir_sind_und_was_wir_sein_koennten/9783596188505.

InnSaei. (2016). Dokumentarfilm „InnSaei – Die Kraft der Intuition" aus 2016, Informationen zum Abruf unter folgendem. https://www.moviepilot.de/movies/innsaei-die-kraft-der-intuition.

Richter, T. (2010). Präsentation zur „Dauerhaftigkeit von Beton" aus Beton-Seminare 2010. https://www.bauwesen.hs-magdeburg.de/ahlers/media/Betonseminar/Richter_Dauerhaftigkeit.pdf.

Rowland, I. (2015). „The Full Facts Book Of Cold Reading", Erschienen am 26. Juni 2015 im Eigenverlag, ISBN-13: 978-0955847639, Informationen zum Buch (Fremdseite). https://www.goodreads.com/book/show/3327264-the-full-facts-book-of-cold-reading.

Schießl. (2009). Artikel „Lebensdauer von Bauwerken lässt sich vorhersagen" vom 09. September 2009, veröffentlicht von der TU München. https://portal.mytum.de/pressestelle/pressemitteilungen/news-730.

Spitzer, M. (2012). „Digitale Demenz – Wie wir uns und unsere Kinder um den Verstand bringen", erschienen am 03.08.2012 bei Droemer-Knaur, ISBN 978-3-426-41706-5, Buchseite im Verlag. https://www.droemer-knaur.de/ebooks/7783038/digitale-demenz.

Warnke, U., Dr. (2013). „Quantenphilosophie und Interwelt – Der Zugang zur verborgenen Essenz des menschlichen Wesens", erschienen 2013 beim Scorpio Verlag, Buchseite im Verlag. https://www.scorpio-verlag.de/Buecher/116/QuantenphilosophieundInterwelt.html.

Parade der Paradigmen 3

In diesem Kapitel geht es um einen der größten Erfolgsverhinderer überhaupt, der viel zu oft keinerlei Berücksichtigung findet. Es ist auch ein großes Hindernis auf dem Weg zu mehr Intuition, weshalb diesem Bereich hier ein eigener Teil gewidmet ist.

Es handelt sich um unbewusste Grenzen: Grenzen im Kopf. Diese Begrenzungen entstehen durch unser Weltbild, unsere Paradigmen, aufgebaut durch unsere Lebenserfahrung. Die Mauern sind unsichtbar, bestehen aber teilweise aus Blut und Tränen, den Enttäuschungen, den unangenehmen oder gar traumatischen Erfahrungen, die uns geprägt haben. Manchmal sind sie einfach nur übernommen, weil einflussreiche Menschen, wie unsere Eltern und Lehrer, sie uns eingepflanzt hatten, zu einer Zeit, als dieses Wort aus deren Mund scheinbar göttliche Allwissenheit versprach.

Von den Grenzen, die durch allzu oft verinnerlichte Sprüche wie „Du kannst doch nicht!" und „Das klappt doch niemals!" gesetzt wurden, haben Sie bestimmt schon gehört, oder sie gar selbst erfahren. Weniger bekannt sind die selbst aufgebauten Grenzen, unser Verständnis vom Funktionieren der Welt, unser Weltmodell.

Dieses Konglomerat an Vorurteilen, Wertevorstellungen, Annahmen (bewiesen oder behauptet), Glaubenssätzen und Gewohnheiten schränkt den Handlungsrahmen und die Willensfreiheit weit mehr ein, als die meisten wahrhaben wollen. Tatsächlich hängt der Lebenserfolg davon ab, wie gut es gelingt, diese Paradigmen zu überwinden. Oder in anderen Worten: inwiefern wir in der Lage sind, über unseren eigenen Schatten zu springen.

Ein erster provisorischer Ansatz, mit erfolgsbremsenden Paradigmen fertig zu werden, ist, etwas zu versuchen, das wir noch nicht ausprobiert haben, mal ein Risiko einzugehen, ganz bewusst den Wohlfühlbereich verlassen, um neue Erfahrungen zu sammeln. Gelegentlich mit dem Kopf durch die Wand gehen, vielleicht so, wie es Management-Coach Peter Buchenau empfiehlt: „Nicht quer sondern gerade gedacht, denn die kürzeste Verbindung zwischen zwei Punkten ist immer noch die Gerade!" Wirksame Anregungen zum

Abb. 3.1 Das Ei des Kolumbus

Durchbruch beschränkender Paradigmen sind die Anekdoten vom Gordischen Knoten[1] und dem Ei des Kolumbus[2] (siehe Abb. 3.1).

Mit scharfem Blick der Selbstbeobachtung und häufigem Hinterfragen von anscheinend selbstverständlichen Sichtweisen kommen wir hinderlichen Paradigmen allmählich auf die Spur. Durch Ausbau der intuitiven Fähigkeiten entsteht eine Art „Riecher". Er schlägt an, wenn „etwas nicht stimmt". Es entsteht dann so ein gewisses Gefühl, eine Empfindung, und plötzlich erscheinen die vormals unsichtbaren Paradigmen in unserem Bewusstsein, und können von uns überprüft und überwunden werden. Wir gewinnen dadurch mehr Freiheit, gerade auch Entscheidungsfreiheit.

Begeben wir uns daher in Regionen, in denen diese parasitären Paradigmen üblicherweise auftreten, um unseren Jagdinstinkt zu schärfen.

3.1 Wissen wir oder glauben wir nur?

Das Leben in der linken Gehirnhälfte, also im rationalen Teil, führt zu einem allmählichen Verlust von Bedeutung. An die Stelle der Bedeutung tritt die Information, die in einer immer größeren Fülle und in immer kleineren Häppchen vermittelt wird. Menschen

---

[1] Alexander der Große löste den Gordischen Knoten auf ganz eigene Weise, indem er ihn mit dem Schwert zerhieb (Wikipedia).
[2] Der Legende nach löste Entdecker Christoph Kolumbus das Problem, ein Ei auf seine Spitze aufzustellen, auf originelle Weise: indem er es so kraftvoll aufsetzte, das es eingedellt wurde und stehen blieb. (Wikipedia).

fühlen sich informiert, verlieren dabei den Überblick. Information wird zur Ablenkung. Wir nennen sie, stark beschönigend, „Unterhaltung". Die Welt wird zu einem Ort der Geräusche, die um Aufmerksamkeit heischen.

Informationen werden, völlig ungeprüft, dem Internet entnommen. Dann steigern sich Menschen dermaßen in fremde Dramen hinein, als wollten sie verzweifelt eine innere Leere füllen, eine Sehnsucht stillen, die unerfüllt bleibt.

Unterschwellig bleibt die Angst vor der eigenen Bedeutungslosigkeit. Viele versuchen dieser tiefen Furcht in sich zu entfliehen, indem sie andere davon zu überzeugen versuchen, dass sie selbst etwas Einzigartiges sind. Das sollen Statussymbole leisten, Dinge die wir uns leisten, die wir uns erlauben können, wie einen repräsentativen Partner. Zahlreiche Ego-Postings in Social Media dokumentieren diesen Trend.

Trotz dieser blendenden Fassade, die nach außen hin möglichst aufrechterhalten wird, lässt sich immer mehr eine innere Leere spüren, der Sinnverlust. Um diesem Gefühl zu entfliehen, wird sich in Ablenkung gestürzt, und der Kreislauf beginnt erneut.

In früheren Zeiten half die Religion den Menschen bei der Sinnfindung. Sie gab Halt und Zuversicht in unsicheren Zeiten und schwierigen Lebenssituationen. Den modernen Menschen schrecken die Dogmen ab, die inzwischen schon für Jugendliche als allzu naiv und manipulativ zu durchschauen sind. Die Forderung nach blindem und bedingungslosem Glauben, den die Religionen erheben, passt so wenig in unsere rationale Welt, wie die Menschenopfer der Azteken. Der vernünftige Mensch der Neuzeit vertraut lieber der Wissenschaft als den Religionen.

Nicht bedacht wird, dass wir alle an etwas glauben. Dies ist unserer Menschlichkeit geschuldet. Unser rechtes Gehirn ist nicht völlig inaktiv, es ist nur im Wesentlichen sich selbst überlassen, manchmal ungezogen, was eigentlich unerzogen heißen müsste, also nicht ausgebildet. Das führt dazu, dass wir als vermeintlich rationale Menschen zunehmend irrational handeln.

Mehr als allgemein angenommen geht es bei unseren Ansichten und Entscheidungen um Glaubenssätze. Glaube erfolgt jedoch auf einem Gefühl, einer Empfindung, einer emotionalen Abwägung. Medien, beispielsweise dem Fernsehen, wird in der Regel mehr „Glauben" geschenkt, als Einzelpersonen.

Überhaupt glauben wir sehr viel. Wir glauben, was uns die Wissenschaft erzählt, oft aus gutem Grund, obwohl sich die Wissenschaft bereits häufig geirrt hat. Wir glauben, was in den Nachrichten kommt, obwohl es nur eine Sicht ist, da es so etwas wie wirkliche Objektivität für uns nicht geben kann, auch wenn viele diesen absoluten Anspruch für ihre Sichtweise erheben. Meistens fahren wir mit diesen Glaubensdingen recht gut, manchmal werden wir gegen unsere Interessen manipuliert. Wir neigen auch dazu, das zu glauben, was uns die Werbung verspricht. Dabei ist die Werbung so penetrant und eindringlich, dass wir früher oder später, ohne es wirklich zu wollen, vieles davon übernehmen. Im Regal des Supermarkts greifen wir lieber zu einem Produkt, das uns aus der Werbung bekannt ist, als etwas völlig Unbekanntes zu nehmen.

▶ Wir wissen nicht, wir glauben nur zu wissen.

3.2 Paradigma: Die Gedanken sind frei

Wir gehen gerne davon aus, dass unsere Gedanken, und die daraus abgeleiteten Entscheidungen, vollkommen frei sind, und sich in jede von uns gewünschte Richtung entwickeln können. Dabei ist unser Bewusstsein von unsichtbaren Mauern umgeben. Annahmen, die wir nicht hinterfragen, weil sie völlig unbewusst sind. Diese unbewussten Grenzen, die wir uns setzen, werden oft bestimmt von Hemmungen und Ängsten. Denkpfade, die uns unangenehm sind, vermeiden wir gerne.

Besonders heimtückisch sind unbewusste Vorurteile. Wir haben eine Meinung zu bestimmten Menschen, und behandeln sie auch entsprechend. Auch zu uns selbst haben wir eine Meinung. Manchmal hindert diese uns an unserer Entwicklung. Dann etwa, wenn wir uns etwas nicht zutrauen, obwohl wir es mit entsprechender Zuversicht schaffen könnten. Diese unbewussten Annahmen, im Folgenden als Paradigmen bezeichnet, bestimmen unser Leben. Sie sind sehr mächtig, denn sie begrenzen uns wie durch eine unsichtbare Linie, die wir nicht überschreiten können.

Im Internet gibt es mehrere Videos, die eine Ameise zeigen, um die mit einem schwarzen Filzstift rasch ein Kreis gezogen wird, der sie einschließt. Die Ameise ist dann nicht mehr in der Lage, diese Linie zu überschreiten, obwohl eine gezeichnete Begrenzung physikalisch kein Hindernis darstellen sollte.

Manche Glaubenssätze haben wir schon in unserer Jugend in unserer Erziehung und Ausbildung erworben. Jedes „Du kannst nicht!" oder „Du wirst niemals!" brennt sich in unser Unbewusstes als Stolperstein. Viele Stolpersteine zusammen bilden Mauern, die immer schwerer zu überwinden sind. Nähern wir uns einer dieser Mauern zu sehr, erfährt uns ein Unwohlsein. Uns befällt der Drang, uns zurückzuziehen, innerhalb der Umfassung zu verbleiben, im Wohlfühlbereich.

Ich bin Fallschirmspringer, habe mich schon über tausend Mal aus dem Flugzeug gestürzt. Trotzdem entdecke ich immer noch Schwellen in meinem Leben, deren Überwindung mich Mut und Entschlossenheit kostet, obwohl mich der Schritt ins Unbekannte lockt.

Es ist offenbar ganz natürlich, dass wir vor dem Überschreiten unseres Wohlfühlbereichs, der gewohnten Abläufe und Umgebungen, so etwas wie Angst empfinden. Dieser Bereich jenseits einer unsichtbaren Grenze ist nur nicht nur Niemandsland, also Gelände, in dem wir uns nicht auskennen, sondern wirkt manchmal wie ein Minenfeld, das wir auf keinen Fall betreten wollen. Vereinzelt stößt das Leben direkt an eine Mauer. Dies kann beispielsweise eine berufliche oder private Herausforderung sein. Viele Menschen erleben dies bei der Anforderung, vor einer Gruppe oder Menschenmenge eine Rede zu halten; eine wahre Horrorvorstellung, die schon beim Gedanken daran Schweißausbrüche verursacht.

Für andere, die sich nicht in einer bestimmten Situation befinden, ist es oft nicht nachvollziehbar, denn sie können nicht erkennen, dass es dort für die betreffende Person eine unüberwindbare Hürde gibt. Sie ist ja unsichtbar und erscheint unlogisch. Der Verstand kapiert nicht, warum eine Rede, die vor dem Spiegel noch klappt, vor

3.2 Paradigma: Die Gedanken sind frei

Publikum zur nahezu unlösbaren Aufgabe mutiert. Lediglich unser mitfühlendes Wesen kann die Situation nachvollziehen, vorausgesetzt wir sind jemals in einer ähnlichen Situation gewesen.

Dass diese Mauern in Wirklichkeit nicht existieren, wird uns erst dann bewusst, wenn es uns gelingt, sie zu überwinden, oft gegen größten Widerstand. Jedes Mal, wenn das passiert, gewinnen wir ein Stück an Persönlichkeit, wir wachsen. Wir werden fähiger, weiser und gewinnen an Lebenskompetenz. Wenn sich der Wohlfühlbereich ausdehnt, vergrößern sich auch unsere Möglichkeiten. Es ist so, als wenn wir von einer kleinen, engen Wohnung in ein geräumigeres Appartement ziehen: Wir haben mehr Platz, um uns auszudehnen.

Mit vergrößertem Wohlfühlbereich genießen wir das Gefühl, freier atmen zu können. In Wirklichkeit verschiebt sich die Mauer nur ein Stückchen, weil der zugrundeliegende Mechanismus der Paradigmen nicht wirklich durchschaut ist. Wir haben kurzzeitig das Gefühl, einen Fortschritt erzielt zu haben. Tatsächlich geht dieser Stellungskampf weiter – oft lebenslänglich. Geländegewinne erkaufen wir uns mit sehr viel Einsatz und sehr viel Mühe. Ebenso besteht die Gefahr, diese Gelände teilweise wieder zu verlieren. Mit dem Alter steigt oft auch die Vorsicht, wodurch Menschen dazu neigen, den Abstand zur Mauer stetig zu vergrößern, bis sie irgendwann verstockt und unbeweglich erstarrt sind und innerlich, genau betrachtet, auf den Tod warten.

Auf diese Weise finden wir niemals Frieden mit uns selbst, denn unsere eigenen, unbewussten Vorstellungen sind unser größter Feind, der sich am hartnäckigsten hält. Anstatt diesen Feind zu besiegen, sollten wir nach Möglichkeiten trachten, ihn zu unserem Freund zu machen. Wie wäre es, endlich Frieden zu schließen und die Grenzen zu öffnen?

Wir Menschen haben den Zweiten Weltkrieg überwunden, haben den Stellungskrieg aufgegeben, die Nationen haben Frieden geschlossen. Heutzutage stehen die Grenzen offen, gibt es einen gemeinschaftlichen Wirtschafts- und Wirkungsraum: unser Europa. Auch wenn das vielleicht noch nicht in jedem Fall als optimal erscheint, so ist dies bereits ein gewaltiger Fortschritt zur Situation noch Mitte letzten Jahrhunderts.

Wie können wir den Stellungskrieg gegen die eigenen Vorurteile und Annahmen beilegen? Wie schaffen wir es, die unbewussten Grenzen wahrzunehmen und abzubauen? Was können wir tun, um unsere Möglichkeiten nicht auf unbewusste Annahmen zu beschränken, sondern sie vollkommen freizusetzen, auf dass sich vieles in natürlicher Weise entwickeln könnte?

Was hätten diese fallenden Barrieren für Auswirkungen auf unser privates und berufliches Leben? Wären wir dann komplett enthemmt und würden peinliche Dinge tun? Oder könnten wir dann endlich das umsetzen, wovon wir schon so lange träumen? Hätten wir dann die Motivation, uns weiterzuentwickeln, zu entfalten, zu verwirklichen?

Was passiert mit einem Pferd, das ein Leben lang angebunden war? Was geschieht, wenn erstmalig die Koppel geöffnet wurde? Wird das Pferd dann durchgehen und in unbekannte Gefahren laufen? Oder bleibt es in der Koppel, und frisst weiter das bereitgestellte Heu?

Die Antwort liegt auf der Hand: Es hängt davon ab. Es hängt ab vom Charakter des Pferdes. Ist ungestümer Freiheitsdrang vorherrschend, dann wird der Gaul durchgehen. Ist das Pferd müde und abgestumpft, so wird es verharren.

Genauso ist es mit uns. Wir haben schon jetzt unglaubliche Freiheiten. Beispielsweise können wir in fast jedes Land dieser Welt reisen. Aber tun wir es? Wir genießen die Freiheit, setzen sie aber äußerst sparsam ein, wie ein kostbares Gut, das nicht zerbrechen oder sich abnutzen soll. Oder wir sparen es auf. Viele Menschen haben ihr Leben so gestaltet, dass ihre Verwirklichung für den Zeitpunkt nach ihrer Pension geplant ist. Davor wird Geld verdient, die Kinder großgezogen, Karriere gemacht.

▶ Die Gedanken sind nicht frei, sondern an unsere Regungen und Befindlichkeiten gebunden und durch Glaubenssätze beschwert.

Bevor wir frei sind, müssen erst einmal die Gedanken wirklich frei werden, frei von einschränkenden Paradigmen.

3.3 Paradigma: Verstand als Maßstab aller Dinge

Der Verstand ist ein unentdecktes Land. Er wird oft für den Maßstab aller Dinge gehalten. Er nimmt von sich an, dass er irgendwann potenziell alles verstehen kann. Dabei versteht der Verstand nicht einmal, dass er sich selbst nicht kapiert.

Die Wahrheitsfindung über den Verstand erfolgt oft über ein undurchsichtiges Konstrukt namens „Plausibilität". Es beschreibt in etwa die oft subjektiv eingeschätzte Wahrscheinlichkeit, dass eine Aussage wahr sein könnte. Es gibt den Spruch: „Wenn das einzige Werkzeug ein Hammer ist, sieht jedes Problem aus wie ein Nagel". Wenn unser anscheinend einziges Werkzeug der Verstand ist, vulgo die „Vernunft", neigen wir zu der Illusion, dass uns der Verstand allgemeingültige Wahrheiten verschafft, also Ansichten, die für jedermann gelten müssen. Allein diese abstruse Vorstellung schafft wiederum eine unübersehbare Anzahl von Problemen in unserer Gesellschaft. So herrscht vielfach die bizarre Überzeugung, dass Meinungen, die vom eigenen Standpunkt abweichen, grundsätzlich falsch sein müssen. So werden Meinungsabweichler als dumm, irrig oder boshaft angesehen, wodurch sich eine Diskussion von vornherein erübrigt. Ist das jetzt das Erbe der 68er-Generation? Wer weiß, ob es in vergangenen Jahrzehnten besser war.

Bereiche, die nicht sofort einleuchten und sich nachvollziehen lassen, beispielsweise weil sie sich eher zum Erleben und Erspüren, weniger zum Verstehen eignen, werden gerne als irrational und unsachlich abgewertet. Dabei fehlen nur der eigene Horizont und die eigene Erfahrung, zudem auch die recht hilfreiche Gewohnheit, sich selbst infrage zu stellen und sich auf fremde Gedankengänge einzulassen.

Es gibt eben Bereiche, die nicht rational zu bewältigen sind. Mit einem dermaßen verstandeszentrierten Mindset müssen Bereiche ignoriert oder unterdrückt werden, die nicht

3.3 Paradigma: Verstand als Maßstab aller Dinge

verstandeskonform daherkommen. Genau auf diese Weise verfahren wir mit unserem Gefühlsleben, dem verstandesmäßig kaum beizukommen ist.

Der Verstand ist damit ein unzuverlässigeres Instrument als allgemein angenommen. Er nährt die Illusion, etwas wirklich zu verstehen, dabei hat er nur ein Bruchstück aufgeschnappt, das, für sich und isoliert betrachtet, als logisch und nachvollziehbar erscheint. Das gelingt dem Verstand, weil er zu jeder Zeit stets auf einen einzigen Gedanken konzentriert ist, und diesen allenfalls mit einem weiteren Gedanken in Beziehung setzen kann. Versuchen Sie einmal, gleichzeitig drei Gedanken zu haben, ohne dass ihnen dabei ein bis zwei Gedanken abhandenkommen. Das ist nicht möglich, wie Sie leicht feststellen können, wenn Sie sich beim Denken genau beobachten.

Wollen wir mehrere oder viele Gedanken oder Aspekte miteinander in Beziehung setzen, so benötigen wir Hilfsmittel, wie Listen und Tabellen, bei denen wir uns jedes Detail nacheinander vornehmen. Mit etwas Übung können wir auch Gedanken jonglieren. Wir deponieren einen Gedanken für ein paar Augenblicke im Kurzzeitgedächtnis, während wir zwei andere Gedanken in Beziehung setzen. Ähnlich wie beim Jonglieren mit Gegenständen, erfordert das einige Übung, wobei in vielen Fällen die jonglierten, sprich zwischengemerkten Gedanken hinunterfallen, also sich verflüchtigen.

Gab es früher nur eine Quelle der Autorität, beispielsweise der Dorflehrer oder der Pfarrer, so existieren heute viele unterschiedliche, widersprüchliche und konkurrierende Meinungsangebote, beispielsweise im Internet. Um sich in diesem Informationswust zurechtzufinden, benutzen Menschen den Verstand, in der Annahme, damit über ein zuverlässiges Werkzeug zu verfügen, um „Richtig" und „Falsch" zu differenzieren. Dabei nimmt der Verstand alles für wahr, was einigermaßen begründet erscheint, nach welcher Logik es auch immer gestrickt ist. Deshalb haben Menschen so viele unterschiedliche Meinungen. Eine abweichende Meinung ist aber ebenfalls ein Verstandesprodukt. Wäre der Verstand wirklich das scharfe und präzise Schwert, für das wir ihn halten, und in der Lage, zuverlässig zwischen „Richtig" und „Falsch" zu unterscheiden, dann würden sich diese Verstandesprodukte nicht so krass voneinander abheben.

Menschen erscheinen in ihrer Meinungsbildung nicht sehr wählerisch und schnappen sich oft die erstbeste dahergelaufene Ansicht. Fremde Meinungen werden bequem adoptiert, da die eigene, unvoreingenommene Meinungsbildung mit Mühe verbunden wäre. Daraus entsteht die Erkenntnis:

▶ Der Verstand ist ein allzu fauler Opportunist, der sich jeder noch so abstrusen These an den Hals wirft, sobald sie zu den eigenen Neigungen, Regungen und unbewussten Haltungen, Ängsten und Befürchtungen passt, und anscheinend das bestätigt, was man schon zu wissen glaubt.

Richtig eingesetzt, ist der Verstand ein überaus nützliches Werkzeug, das uns bei der Umsetzung unserer Ziele gute Dienste leistet. Ähnlich hält der Steuermann das Schiff auf Kurs, gibt aber das Ziel nicht vor. Dafür ist der Kapitän in seiner Souveränität zuständig. Wer diese Rolle in uns selbst ausfüllt, ist noch zu klären. Ein kleiner Hinweis vorab: Es könnte etwas mit Intuition zu tun haben.

3.4 Paradigma: Rationale Entscheidungen

Eines vorneweg: Rein rationale Entscheidungen gibt es nicht. Entscheidungen sind stets von inneren Regungen begleitet, die sich größtenteils unserem Bewusstsein entziehen. Ohne diese Regungen hätten wir kein Gefühl für die Bedeutung, wären völlig unfähig, Alternativen gegeneinander abzuwägen, könnten nicht entscheiden. Selbst wenn wir aufgefordert sind, Entscheidungsoptionen vollständig nach rationalen Kriterien zu beurteilen, z. B. durch eine bewertende Checkliste oder Ähnliches, selbst dann schwingen irrationale Komponenten mit. Beispielsweise weil wir von der Notwendigkeit der Entscheidungsfindung getrieben sind, die Entscheidung Teil unserer Verpflichtungen ist, oder wir die Folgen des Nichtentscheidens fürchten. Ohne diese Zwänge und Notwendigkeiten würden wir überhaupt nicht entscheiden, weil dann die dazu erforderliche Motivation, sprich Entscheidungsnot fehlt.

Stellen Sie sich folgende haarsträubende Situation vor: Wir bauen unsere Entscheidungen auf einem Fundament begrenzender, größtenteils unzutreffender Annahmen, die sich unserem Bewusstsein entziehen, demnach kaum zu berücksichtigen sind. Diese ungünstige Ausgangslage verhindert unter anderem, dass wir optimale Entscheidungen treffen können. Wirkliche Vernunftentscheidungen, wie wir alle glauben, sie zu treffen, finden nur in günstigen Ausnahmefällen statt, sehr viel seltener, als allgemein angenommen.

Manchmal bittet mich meine Frau um eine Entscheidung und fragt sinngemäß: „Fleisch oder Fisch?" Wenn ich dann mit „Ja!" antworte, interpretiert das meine Frau als Wunsch, beides haben zu wollen und zaubert ein Gericht, das beides enthält. Dabei habe ich nur beiden Optionen zugestimmt, ohne mich entscheidend festzulegen. Ich habe mich um die Entscheidung gedrückt.

Das scheint auch ein Merkmal unserer Gesellschaft zu sein, entweder Entscheidungen aufzuschieben, oder Entscheidungsalternativen gleichzeitig zu leben. Die Kombination von Familie und Beruf kann so eine Ambivalenz sein. Oder lose Partnerschaften, die sich nicht festlegen, denn es könnte sich noch etwas Besseres finden.

Effektiv entscheiden unsere Regungen und andere Impulse, denen wir uns größtenteils nicht bewusst sind. Dabei gehen wir, wie selbstverständlich, von der Annahme aus, überwiegend rational und faktenbasiert zu urteilen und zu entscheiden. In Wirklichkeit geht es in vielen Fällen darum, eine gefühlsmäßig getroffene Entscheidung nachträglich zu begründen. Unsere heutigen Frauen und Männer unterscheiden sich in dieser Eigenschaft kaum.

Dieses Paradigma von den rationalen Entscheidungen ist wahrscheinlich der größte Feind unseres Lebens und unserer Gesellschaft. Diese unbemerkte Inkompetenz produziert fatale Fehlentscheidungen in Serie. Ja Inkompetenz, Sie haben richtig gelesen.

3.4 Paradigma: Rationale Entscheidungen

Nennen wir doch das Kind beim Namen. Mit haarsträubenden Begründungen werden Alternativen wegargumentiert, bis der Entscheider vor der Alternativlosigkeit steht. Damit hat sich der Entscheider faktisch der Verantwortung entzogen, indem er nur eine einzige Möglichkeit konstruiert hat, den Sachzwang. Dieser intellektuelle Amoklauf wird dann noch beschönigend „Entscheidungsfindung" genannt. Noch einfacher: Die Entscheidung wird aufgeschoben, bis sie sich selbst durch die Umstände entschieden, eher: erledigt hat.

Was ist in den Fällen, in denen wir uns zur Entscheidung entschlossen haben und sie auch tätigen? Wie werden diese Entscheidungen getroffen, angesichts komplizierter Zusammenhänge?

Wir Menschen neigen zur Vereinfachung. So können wir selbst in komplexen Situationen Orientierung erlangen. Wir müssen dann nicht in jeder Lebenssituation alle denkbaren Aspekte abwägen, um zu einer Entscheidung zu kommen, sondern handeln spontan, beispielsweise indem wir auf ähnliche Erlebnisse unserer Vergangenheit zugreifen. Das geschieht meistens unbewusst. Dennoch haben wir den Eindruck, vernünftig gehandelt zu haben, weil es sich wie selbstverständlich anfühlt. Das gilt auch für Situationen, in denen wir wie programmiert reagieren. Das bedeutet, dass wir beim Auftreten von Merkmalen, die uns an eine frühere Situation erinnern, sehr stark dazu neigen, ebenso zu handeln, wie in der zuvor erlebten Situation, egal unter welch haarsträubenden Bedingungen sie entstanden ist, beispielsweise durch schmerzliches oder gar traumatisches Erleben. Handeln wir impulsiv, also aus einem Impuls heraus, dann wirkt das so, als ob etwas durch uns handelt. Das hat etwas Zwanghaftes und beschränkt unsere Entscheidungsfähigkeit. Oft merken es nur die anderen, wenn wir uns seltsam verhalten. Wir selbst neigen dazu, diese Vorfälle zu verdrängen.

Zurück auf den Weg der Entscheidungsfindung unter normalen, also nicht einseitig vorbelasteten Bedingungen. Unsere Entscheidungssicherheit ist in Bereichen besonders hoch, in denen wir speziell ausgebildet wurden, oder in denen wir bereits umfangreiche und unterschiedliche Erfahrungen sammeln konnten. In Bereichen, in denen das nicht zutrifft, suchen wir nach Informationen, die uns Orientierung geben in einer Welt, die zunehmend komplexer und komplizierter wird. Ist auch das nicht möglich, so tätigen wir Annahmen, ob bewusst oder nicht. Auch wenn wir vieles nicht verstehen, so helfen uns diese Annahmen dabei, die Welt zu verstehen und unsere eigenen Handlungen und Aktionen zu planen. So schaffen wir uns die Illusion der Planbarkeit und Berechenbarkeit.

In früheren Zeiten hat der Aberglaube den Menschen ermöglicht, unverständliche Phänomene so zu begreifen, dass die Menschen Orientierung und Anhaltspunkte hatten. Auch in der Neuzeit haben wir den Aberglauben nicht verloren. Viele Dinge im Leben sind unerklärlich. Das bedeutet, dass die Wissenschaft uns für viele Lebensbereiche keine plausible Vorstellung vermitteln kann, wie etwas funktioniert.

Liebe gehört zum Beispiel zu diesen Erscheinungen, die außerhalb der Reichweite heutiger Wissenschaft liegen. Die persönliche Erfahrung zeigt sehr deutlich, dass sich dieses Thema nicht auf biochemische Effekte reduzieren lässt, wie die Wirkung von Hormonen. Das Phänomen Liebe lässt sich erfahren, nicht jedoch genau erklären oder umfassend beschreiben. Weitere Bereiche sind die persönliche Wahrnehmung und Wirkung von Musik, Poesie, Literatur, Geschmack, Geruch, alles was sich durch eine gewisse subjektive Bedeutsamkeit von einer standardisierten Deutung abhebt. Über Geschmack lässt sich streiten, auch ein Konsens oder gar eine Mehrheit finden. Objektivität ist in diesen Bereichen unmöglich, da sie von der eigenen Wahrnehmung, der Perzeption, abhängen. Eine rationale Entscheidungsgrundlage entsteht auch hier nicht.

Persönliches Erleben ist hier entscheidend. Man kann dem eigenen Empfinden Ausdruck geben, Empfehlungen tätigen. Die dabei entstehenden Ergebnisse – Werke – beschreiben diese Phänomene weit umfassender, als es in einem noch so umfangreichen objektiven oder wissenschaftlichen Berichten möglich wäre. Wir können Liebe individuell begreifen, also damit umgehen, nicht jedoch verstehen, also mit dem Verstand erklären. Aus meiner Sicht ist dies auch nicht notwendig.

Menschen, die sich fast ausschließlich auf ihren Verstand stützen, haben mit dieser Vorgehensweise Probleme. Ich weiß dies, weil ich mich auch schon in dieser Situation befand. Damals hatte ich die fixe Idee, alles verstandesmäßig kontrollieren zu können, wenn ich nur genügend Mühe und Sorgfalt investiere. Bereiche, in denen dies nicht möglich war, habe ich vermieden. Es ist so wie bei einem blinden Fleck: Es gibt eine Wahrnehmungslücke die allerdings nicht dafür sorgt, dass dieser Sachverhalt wirklich verschwindet. Aus dieser Weigerung, etwas wahr zu nehmen, was gleichzeitig erfahren wird, ergeben sich unglaubliche Alltagsprobleme, die regelmäßig in unverständliche, und damit chaotische Zustände führen. Um an meinem Weltbild festzuhalten, musste ich auch diese Zustände ignorieren, was zu einer gewissen Verbissenheit gegenüber dem Leben führte.

Als ich ganz im Verstand lebte und meine intuitive Seite ignorierte, wurde ich immer wieder von äußerst emotionalen Zuständen eingeholt. Meistens gelang es mir, diese Zustände nicht nach außen sichtbar werden zu lassen. So entstanden unerklärliche Momente, die ich rückwirkend als depressive Zustände empfand, ohne mir darüber im Klaren zu sein. Seit damals kann ich nachvollziehen, dass Menschen unversehens in eine Depression schlittern oder einen Burn-out erleiden.

3.5 Paradigma: Wir bilden uns eine Meinung

Viele Menschen sind der Überzeugung, sie bilden sich eine Meinung, indem sie eifrig Nachrichten konsumieren und Zeitungen lesen. Mit Meinungsbildung hat das nichts zu tun, sondern mit dem Aufnehmen von Information. Es ist eine Meinungsadoption, indem einfach nur Informationen angenommen werden. Mit dem Nachrichtenmagazin wird lediglich eine Meinung von der Stange gekauft. Das kann interessant und unterhaltend sein.

Vom 1995 verstorbenen Journalist Hanns Joachim Friedrichs ist überliefert: „Einen guten Journalisten erkennt man daran, dass er sich nicht gemein macht mit einer Sache – auch nicht mit einer guten Sache; dass er überall dabei ist, aber nirgendwo dazu gehört."

Indes der Ruf ist verhallt und hat in unserer Zeit offenbar keinen Rang und keine Geltung mehr, was die Überraschung anlässlich des Wahlsiegs von Donald Trump nach vorangegangener einseitiger Berichterstattung in aller Deutlichkeit gezeigt hat. Journalismus ist heutzutage immer mehr Meinungsjournalismus. Selbst renommierte Nachrichtenmagazine krähen unterhaltsam polemisch, und biedert sich der vermuteten Lesermeinung an.

Das bedeutet nicht, dass unsere Berichterstattung schlecht oder falsch ist. Es geht hier um die Art der eigenen Meinungsbildung. In diesen Publikationen, und noch mehr in den Social Media, entsteht so immer mehr eine Informationsblase, die nur noch eine bestimmte Meinung stärkt.

Seit mir dies klar geworden ist, halte ich mich bei den sogenannten Stammtischgesprächen und Meinungs-Postings auffallend zurück. Dort gibt es immer jemand, der seine aufgeschnappte Meinung mit aller Vehemenz verteidigt. Die Verhältnisse in Syrien? Habe ich keinen Überblick, auch wenn ich die Berichterstattung verfolgt habe. Die Qualifikation von Merkel? Dazu kann ich keine qualifizierte Aussage tätigen. Ebenso vermag ich in den meisten Postings keine Informationen und Argumente zu erkennen, aber fast immer die Lust zum Angriff und zur Eskalation der Diskussion.

Kleidung aus dem Kaufhaus ist einfach und billig. Aufgeschnappte Meinungen, also Meinungen von der Stange, sind es auch.

Ich nehme mich aus diesen Diskussionen heraus, muss möglicherweise dadurch auf ein gewisses Zusammengehörigkeitsgefühl verzichten, ebenso auf die Stärkung meiner Meinungsillusion. Bei Sachverhalten, die mir wichtig sind, informiere ich mich aus verschiedenen Quellen, bis hin zu Sachbüchern. Meine Erkenntnisse unterziehe ich einer persönlichen Bedeutungsprägung, um die Relevanz für mich selbst herauszufinden. Die damit erworbene Meinung kann dann aber immer noch nicht als allgemeingültig gelten. Ich habe mich dann lediglich für eine bevorzugte Meinung entschieden, auf der ich nachfolgend meine Handlungen und Folgeentscheidungen aufbaue.

Meine eigenen Entscheidungen lediglich auf übernommene Meinungen aufzubauen, sehe ich als sträflichen Leichtsinn. Die Strafe darauf ist oft hart, denn sie folgt auf dem Fuße: als Auswirkung der schlechten Entscheidung.

3.6 Paradigma: Die Wissenschaft als Instrument der Wahrheit

Das Wissenschaftsparadigma besagt, dass nichts gültig ist, was nicht wissenschaftlich fundiert ist. Was aber bedeutet das für Bereiche, die noch außerhalb der Reichweite, sprich Methodik, der heutigen Wissenschaft sind? Es sind Bereiche, die wir täglich erleben und erfahren können, die trotzdem unerklärlich bleiben.

Beispielsweise lässt sich der Zauber der Liebe nicht rein biochemisch erklären, jedenfalls für die Menschen, die darin mehr als einen angenehmen Zeitvertreib in eine Zweckmäßigkeit erkennen können. In meinen Augen gibt es in dieser Welt viel mehr Unerklärliches als Dinge, die wir bereits verstehen und begreifen können. Sie sind uns nur so selbstverständlich geworden, dass wir über diese Aspekte nicht nachdenken.

Kein Mensch weiß, wie ein Mobilfunkgerät im Inneren funktioniert. Selbst Quantenphysiker kennen nur haarsträubende Theorien, wie denn wohl ein Halbleiter funktionieren könnte, die Grundlage der im Mobilfunkgerät verbauten Chips. Halbleiter sind wahnwitzige Konstruktionen. Mal leiten sie Strom, mal nicht. Durch viele Experimente wurde herausgefunden, unter welchen Bedingungen der eine oder andere Zustand erzielbar ist. Diese Exponate waren so erfolgreich, dass es inzwischen gelingt, unglaublich komplizierte Strukturen mit Halbleitern aufzubauen, die technische Grundlage unserer Computertechnik. Zu verstehen, wie das ganze wirklich funktioniert, ist damit überflüssig und allenfalls von akademischem Interesse. Gedankenkonstrukte aus der Quantenphysik stellen Hypothesen in den Raum, wie dieser Halbleitereffekt wohl auf atomarer und subatomarer Ebene zustande kommt. Dort ist die Rede von Tunneleffekt, Energiebändern, Materiewellen und Hysterese. Klingt hochgestochen und der Verstand ist zufrieden, doch bewiesen ist damit noch nichts.

Trotz dieser, im Grunde unwissenden, aber brauchbar vermutenden Wissenschaft herrscht in der Bevölkerung eine gewisse Wissenschaftsgläubigkeit, die alles ablehnt, was nicht mit dem Stempel „wissenschaftlich bestätigt" daherkommt. Selbst Zahnpasta lässt sich mit diesem Stempel besser verkaufen.

In einem Teil der Bevölkerung herrscht der nackte Aberglaube. Interessanterweise überlappt sich dieser Teil mit den Wissenschaftsgläubigen. Es gibt also Menschen, die gleichzeitig an die Wissenschaft glauben, wie auch an Bereiche, die heute dem Aberglauben zugerechnet werden. Es wirkt so, als ob eine Art Gedankenpolizei entscheidet, was Glaube und was Aberglaube ist.

Dieser „Aberglaube" wird genährt von dem unbestimmten Gefühl, dass an den geheimnisvollen oder außersinnlichen Dingen, über die gesprochen wird, doch irgendetwas dran sein könnte. Sie haben in ihrem Empfinden nicht Unrecht, wie wir noch sehen werden. Allerdings laufen viele Menschen dann Gefahr, gewissen esoterischen Kreisen zu verfallen, die für diese Phänomene vorschnelle und fantasievoll ausgeschmückte Pseudoerklärungen bereitstellen. Dieses Terrain werde ich an dieser Stelle nicht beschreiten. Also zurück zur Wissenschaft.

Die Wissenschaft blickt auf eine lange Tradition der Vorsicht und des Abwägens zurück. Bis sich neue Erkenntnisse durchsetzen, vergeht oftmals eine lange Zeit. Aber ist sie zuverlässig? Etwa zuverlässiger als Intuition? Mal sehen!

3.6.1 Wissenschaft ist relativ

Dem Physiker Albert Einstein wird die Aussage zugeschoben: „Alles ist relativ!" In diesem Satz wohnt eine tiefe Wahrheit, obwohl Einstein diese Formulierung im Zusammenhang mit seiner Relativitätstheorie gebraucht hat. Ganz sicher gilt: „Wissen ist relativ!"

Dies gilt für den größten Teil dessen, was wir heute als Wissen bezeichnen. Es gibt nur ganz wenige Erkenntnisse, die auch unter Wissenschaftlern als wirklich gesichert

3.6 Paradigma: Die Wissenschaft als Instrument der Wahrheit

und allgemeingültig gelten. Dazu gehören mathematische Gesetze, oder das Periodensystem der Elemente.

Abgesehen von diesen seltenen Ausnahmefällen, die wirklich zweifelsfrei beweisbar sind, besteht unser Wissen aus Annahmen, die sich einem endgültigen Beweis entziehen. Das ganze Gebäude der Wissenschaft beruht auf einer sehr zerbrechlichen Konstruktion dieser Annahmen. Dieses Gebäude muss geschützt werden, damit nicht ein Zustand der Anarchie eintritt, was eine allgemeine Lähmung wissenschaftlicher Fortschritte mit sich führen könnte. Den Schutz übernimmt eine moderne Form von Rittern, im weißen Harnisch des Labormantels und der Gelehrsamkeit: unsere wissenschaftlichen Experten und Koryphäen. An ihnen kommt so gut wie niemand vorbei.

Die Philosophie ist eine Disziplin, die alles hinterfragen darf. Ihr wurde diese Narrenfreiheit gewährt, damit sie, losgelöst vom übrigen Wissenschaftsgebäude, überhaupt existieren kann.

So hält die Wissenschaft notgedrungen an gewissen Stützpfeilern fest, sorgsam bedacht, Beschädigungen zu vermeiden. Erschütterungen dieses Wissenschaftsgebäudes hinterlassen immer Traumata in der Wissenschaftsgemeinde. Besonders eindrucksvolle Beispiele, die alles auf den Kopf zu stellen schienen, finden wir in der Geschichte der Relativitätstheorie, sowie seit einiger Zeit in der Quantenphysik.

Prof. Dr. Jürgen Mittelstraß hat in seinem Buch und Vortrag „Grenzen des Wissens und der Wissenschaft" dargelegt, dass die Wissenschaft eben nicht nach Wahrheit sucht, wie viele annehmen. In Wirklichkeit geht es um die Brauchbarkeit von Erkenntnissen, also deren praktische Anwendbarkeit im täglichen Alltag, und nur darum. Eine absolute Form der Wahrheit ist nicht zu ergründen, letztendlich bleibt alles unbewiesen und nur vorläufig gültig (Mittelstraß 2009).

Der überwiegende Teil unseres Wissens basiert auf bewussten und unbewussten Annahmen, Hypothesen und Theorien. Es sind Erkenntnisse aus Erfahrungen, die manchmal in Form von Versuchen gewonnen wurden. Aber so oft man auch einen Versuch durchführt und immer das gleiche Ergebnis bekommt, gilt, dass sich daraus noch keine Allgemeingültigkeit ableiten lässt. Denn bereits ein einziges, abweichendes Versuchsergebnis kann belegen, dass alle bisher den Versuchen zugrunde liegenden Annahmen falsch sind.

Von Professor Mittelstraß stammt auch das Beispiel von den weißen Schwänen. Solange in der Natur nur weiße Schwäne beobachtet werden, lebt die Hypothese, dass Schwäne stets weiß sind. Je öfter Beobachtungen die Annahmen bestätigen, desto mehr entwickeln sich Hypothesen zu Theorien. Wird jedoch auch nur ein einziges widersprechendes Ereignis zweifelsfrei beobachtet – in unserem Beispiel, dass ein schwarzer Schwan entdeckt wird – so muss die Hypothese verworfen werden, wie die Annahme, es gäbe nur weiße Schwäne. Bei empirischen Erkenntnissen, also Erkenntnissen, die aus der Naturbeobachtung gewonnen sind, können wir niemals sicher sein, dass diese Erkenntnisse endgültig und wirklich allgemeingültig sind. Inzwischen wissen wir, dass es auch schwarze Schwäne gibt. Das mag ein Grund sein, weshalb Sie von der „Weißschwantheorie" wahrscheinlich noch nie etwas gehört haben. Ich habe mir diesen Begriff ausgedacht.

Von vielen als gesichert geltenden Erkenntnissen ist bekannt, dass sie nur eine begrenzte Gültigkeit besitzen. Dazu gehört in der Physik das Newton'sche Gravitationsmodell. Seit Einsteins Entdeckung ist unter Fachleuten bekannt, dass dieses Modell nur bei relativ kleinen Geschwindigkeiten gilt. Je näher sich Objekte der Lichtgeschwindigkeit annähern, desto höher sind die Abweichungen zum Newton'schen Gravitationsmodell. Zum Glück tritt diese Abweichung in unserem Alltag nicht zutage. So müssen wir bei der Benutzung eines Kraftfahrzeugs selbst bei größtmöglichen Geschwindigkeiten keinerlei relativistische Effekte berücksichtigen. Eine kleine Anekdote verdeutlicht diesen Umstand.

So wird erzählt, dass einst ein Physiker sich vor Gericht herausreden wollte, der wegen Überfahrens einer roten Ampel angeklagt war. Der Physiker machte seinen Expertenstatus geltend und erläuterte, dass die Übertretung aufgrund relativistischer Effekte unvermeidbar war. Überall, wo unterschiedlich bewegte Objekte auftreten würden, gäbe es diese Effekte, hier infolge des bewegten Kfz relativ zur unbewegten Ampel. Unter Physikern wie ihm wäre das Phänomen „Rotverschiebung" bekannt, das in seinem Fall zu einer Farbänderung der Ampel geführt hätte, wodurch er diese Ampel nur als grün wahrnehmen konnte. Vor diesem geballten Sachverstand zog sich das Gericht für einige Tage zur Beratung zurück.

Als das Gericht wieder tagte, sah es sich nicht in der Lage, der fundierten und in der Grundsubstanz richtigen Darstellung des Experten zu widersprechen. Als der Experte dann gefragt wurde, ab welcher Geschwindigkeit denn diese „Rotverschiebung" auftreten würde, musste er zugeben, dass es sich dabei im Bereich von Dreihunderttausend Kilometern pro Sekunde abspielen würde, was etwa eine Milliarde Stundenkilometern entspricht. Da damit die zulässige Geschwindigkeit innerhalb geschlossener Ortschaften mit Sicherheit überschritten war, wurde der Physiker, so diese Anekdote stimmt, wegen erheblicher Geschwindigkeitsübertretung verurteilt und bekam strafverschärfend seinen Führerschein eingezogen.

Ja, ja, der Verstand ist ein zweischneidiges Schwert.

Heute wissen wir, dass es zu jeder Meinung die passende Studie gibt. Aber auch Wissenschaftler einer gemeinsamen Fachrichtung sind sich häufig uneinig, und widersprechen sich gegenseitig.

Theorien ermöglichen, die Phänomene unserer Welt so weit zu fassen, dass Voraussagen möglich sind und Natur berechenbar wird, was die Grundlage für unsere Technologie darstellt. Sobald eine Theorie die Wirklichkeit nicht mehr hinreichend genug abbildet, muss sie angepasst, notfalls verworfen werden.

Dies ist gegensätzlich zu der Überzeugung der meisten Menschen, die glauben, dass es so etwas wie absolutes Wissen geben kann, also Wissen, dass stets unveränderlich und allgemein gültig ist. Nicht einmal die von Wissenschaftlern festgestellten Naturgesetze erheben diesen Anspruch. Sie spiegeln nur den gegenwärtigen Stand der Erkenntnisse wieder.

▶ Wenn es demnach kein absolutes Wissen gibt, keine Gewissheit, dass das, was wir zu wissen glauben, wirklich richtig ist, dann ist alles Wissen nur eine Meinung, ein subjektiver Standpunkt.

Warum, zum Kuckuck, verteidigen viele Menschen dann ihren Standpunkt so vehement, als ob es etwas zu verlieren gäbe? Sie leiden an der Infektion eines hartnäckigen Paradigmas.

3.6.2 Grenzen der Wissenschaft

Prof. Dr. Mittelstraß: „Die Wissenschaft ist eine Kunst der Vorhersage. Sie sagt vorher, wenn A mit B gemischt wird, tritt C ein." (Mittelstraß 2009)

Genau genommen weiß die Wissenschaft effektiv rein gar nichts, jedenfalls nichts mit Gewissheit. Wissenschaft vermutet gut begründet, und ist damit großartig, nutzbringend und wertvoll, da sie über einen riesigen Schatz an brauchbaren und alltagstauglichen Annahmen verfügt. Diese Annahmen bilden in Form von Theorien das Wissenschaftsgebäude, aus dem sich unsere heutige Kenntnis der Welt ableitet. Erkenntnisse, die sich nicht in dieses Wissenschaftsgebäude einfügen, anhängen oder zuordnen lassen, sind unbequem und werden als störend empfunden. Wissenschaftler neigen notgedrungen zum Konservatismus, schließlich geht es um die Verteidigung eines bewährten Konstrukts, das nicht durch jede dahergelaufene Hypothese erschüttert werden soll. So haben es neue Ideen schwer, wissenschaftlich anerkannt zu werden. Viele gut untersuchte Phänomene werden auf Abstand zu diesem Wissenschaftsgebäude gehalten. Ein Beispiel ist der Wissenschaftler Rupert Sheldrake und seine Theorie der morphischen Felder, die so partout nicht in den Wissenschaftsbetrieb passen, obwohl diese Erkenntnisse ebenfalls durch wissenschaftliche Methodik gewonnen wurden.

Zum Glück hilft der technische Fortschritt, der sich nicht aus der Wissenschaft speist, sondern auch der Wissenschaft umgekehrt wieder viele wertvolle Impulse beschert. Ein Durchbruch war sicher die Erfindung des Mikroskops. Zuvor wurde der Arzt Ignaz Semmelweis von Fachkollegen gemobbt, wie wir heute sagen würden, weil er von seinem Medizinkollegen verlangte, sich vor einer chirurgischen Behandlung die Hände zu waschen. Semmelweis war aufgefallen, dass die Sterblichkeit von Wöchnerinnen, die von Ärzten behandelt wurden, erheblich höher war, als bei Gebärenden, die ausschließlich von Hebammen betreut wurden. Er stellte die damals als verschroben geltende Theorie auf, dass die Hände der Ärzte, die zuvor an einer Leichensektion gearbeitet hatten, auf noch unbekannte Weise kontaminiert sein mussten. Die darauf wuselnden Mikroorganismen waren damals wissenschaftlich noch nicht existent und was die Wissenschaft nicht sehen kann, das gibt es nicht. Erst mit der Erfindung des Mikroskops wurden auch die Mikroorganismen erfunden, pardon, entdeckt, und schafften den Weg in die wissenschaftlich bestätigte Existenz (siehe Semmelweis).

Semmelweis vermochte sich damals nicht durchzusetzen, galt als verschrobener Sonderling, wurde krank und starb. Heute ist er voll rehabilitiert und gilt sogar als Pionier der evidenzbasierten Medizin. Dieses „evidenzbasiert" bedeutet, dass eine Erkenntnis bereits brauchbar wird, sofern sie sich ausreichend im Versuch bestätigt, unabhängig davon, ob der darunterliegende Mechanismus verstanden ist. Semmelweis' Methode hätte auch funktioniert, ohne dass ein Beteiligter die Wirkung und Beschaffenheit von Mikroorganismen kannte. Dieser Evidenz zu folgen, im Widerspruch zur eigenen Auffassung, waren die Menschen damals nicht in der Lage und sind es zum Teil auch heute noch nicht.

Vielleicht denken Sie jetzt, diese Vorkommnisse wären nur in vergangenen, dunklen Zeitaltern möglich. Heute waschen Chirurgen nicht nur die Hände, sondern desinfizieren sie sogar, verfügen aber über genau die gleichen Paradigmen, nur an anderer Stelle. Offenbar ist der Mensch unfähig, aus seiner Vergangenheit zu lernen.

▶ Der Mensch weiß zwar immer mehr, wird dabei aber nicht klüger.

Ein ähnlicher Vorgang vor ein paar Jahrzehnten beweist, dass sich im Grunde genommen nichts geändert hat. Die Mediziner Barry Marshall und John Robin Warren entdeckten, dass ein Bakterium die Ursache für die meisten Magengeschwüre sein könnte, eine Theorie, die von den meisten Wissenschaftlern damals strikt zurückgewiesen wurde. Marshall muss ziemlich verzweifelt gewesen sein, denn er bewies seine Theorie 1985 in einem spektakulären und gefährlichen Selbstversuch (Humml 3. Oktober 2005). Für die Entdeckung dieser Bakterien und der Aufdeckung des Zusammenhangs erhielten Marshall und Warren zwanzig Jahre später immerhin den Nobelpreis für Medizin (Nobel Prize 2005).

Heute befinden wir uns wieder an einer Stelle, die das Wissenschaftsgebäude ins Wanken bringt. Erste Risse sind schon erkennbar. So sind bereits einige Molekularbiologen ratlos, wo denn die vielen Informationen stecken sollen, die ein menschliches Wesen ausmachen. Rein technisch gesehen sind unglaubliche Informationsmengen erforderlich, um alleine den menschlichen Körper auch nur ansatzweise in seiner biologischen Vielfältigkeit zu beschreiben. Hinzu käme die Konstruktion der Psyche und sonstiger Faktoren, die uns als Menschen ausmachen. Und all das, so verlangt es die herrschende Lehrmeinung, soll in dem kleinen DNA-Strang codiert sein, den wir Menschen bei unserer Fortpflanzung austauschen? Rein rechnerisch verfügt dieser über einen Informationsumfang von lediglich 840 MB, was noch vor einigen Jahren als sehr viel erschien. Heute wissen wir, dass dieses Informationsportiönchen viel zu wenig ist, um diesen gewaltigen Informationsumfang zu stemmen, der uns als Mensch vollständig beschreiben könnte. Dennoch gilt die Mär vom Gencode als „Bauplan des Lebens" immer noch als vorherrschende Lehrmeinung. Vielleicht auch deswegen, weil mit einem reduzierten Bedeutungsumfang der Gene auch ein Bedeutungsverlust der Gentechnik zu befürchten wäre?

Immer mehr wird deutlich, dass die Menge unseres Nichtwissens sehr viel größer ist, als wir gemeinhin angenommen haben. Die Quantenphysik macht so ein Fass auf, das auf Anhieb bodenlos wirkt. An diesem größtenteils spekulativen Diskurs der Auswirkungen und Folgerungen aus dieser jungen Wissenschaft werde ich mich an dieser Stelle nicht beteiligen.

Wenden wir uns wieder dem menschlichen Gehirn zu. Auch hier hat die sich stark entwickelnde Technologie unseres Alltags viele Impulse gesetzt und neue Ideen ermög-

3.6 Paradigma: Die Wissenschaft als Instrument der Wahrheit

licht. Nachdem es die Vorstellung von so etwas wie Software gibt, räumen Neurowissenschaftler ein, dass im Gehirn ähnliche Prozesse stattfinden könnten. Zuvor wurden Funktionen auf starre Weise gewissen Hirnregionen zugeordnet. Höhepunkt der Lehre von der mechanischen Funktion des Gehirns war vor etwa einem Jahrhundert die Phrenologie, in der jeder Gehirnwindung, jeder Ausbeulung des Gehirns, eine bestimmte Funktion zugeordnet wurde, wie an dem beschrifteten Gehirnmodell der Abb. 3.1 ersichtlich ist. Es handelt sich dabei um einen inzwischen überholten Zweig der Wissenschaft, der in den 30er- und 40er-Jahren des letzten Jahrhunderts die Überlegenheit einer bestimmten Rasse wissenschaftlich belegte. Diese damals herrschende Lehrmeinung gilt heute zu Recht, und auch aus anderen Gründen, als vollkommen abwegig (Abb. 3.2).

Vielleicht werden zukünftige Generationen genauso denken, wenn sie auf manch aktuelle Theorie zurückblicken, die unser menschliches Denken und Empfinden erklären soll. Beispielsweise wird Empathie auf das Vorhandensein von „Spiegelneuronen" zurückgeführt. Dem zugrunde liegt die Vorstellung (Paradigma), dass Funktion stets in entsprechender Hardware entsteht. Würden unsere Telefone und Computer nach demselben Paradigma funktionieren, so müsste für jede neue App, jedes neue Programm und jede, bislang noch nicht vorhandene Funktion stets eine Zusatzhardware installiert werden, welche die neue Funktionalität ermöglicht. Im Zeitalter der Informatik gilt dieser

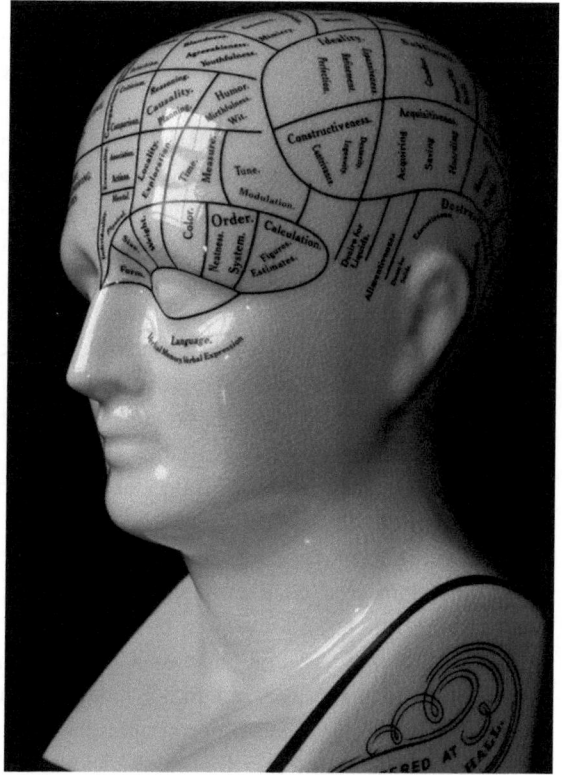

Abb. 3.2 Phrenologie. (clipdealer.com)

Ansatz als überholt. Im Gegensatz dazu sind offenbar größere Teile unseres Wissenschaftsbetriebs in mehr als hundert Jahre alte Paradigmen verstrickt.

Spiegelneuronen, so ist der Stand heutiger Wissenschaft, sollen eine Art Zusatzhardware in unserem Gehirn sein, welche uns die Wiedererkennung und Imitation von Handlungen ermöglichen würde. Sie weisen dasselbe Aktivitätsmuster auf, ob eine entsprechende Handlung selbst durchgeführt oder nur beobachtet wird. So sollen für die menschliche App „Mitgefühl" speziell ausgebildete Gefühls-Spiegelneuronen zuständig sein. Ein etwas esoterisch anmutendes Konzept, das davon ausgeht, dass Funktionalität stets in Hardware gegossen ist, und es etwas wie Software (z. B. Apps) noch nicht gibt. Höhepunkt der Lehre von der mechanischen Funktion des Gehirns war die Phrenologie, in der jeder Gehirnwindungen jeder Ausbeulung des Gehirns eine bestimmte Funktion zugeordnet wurde, wie an dem beschrifteten Gehirnmodell der Abbildung (siehe Abb. 3.2) ersichtlich ist. Diese damals herrschende Lehrmeinung gilt heute zu Recht als überholt, wie für mich die als „Spiegel-Neuronen" postulierten Empathie-Empfänger.

Würden Neandertaler nach unserer gängigen Wissenschaftspraxis eine Warnlampe untersuchen, so würden sie zweifelsfrei feststellen, dass sie ursächlich für den Zustand ist, also, „Schuld" am angezeigten Mangel trägt, also den Mangel verursacht, den sie in Wirklichkeit nur anzeigen soll. Dies liegt daran, dass die Neandertaler den Mechanismus hinter der Warnlampe nicht durchschauen, weil sie von einem mechanischen Weltbild ausgehen. Auch unsere Wissenschaft frönt noch eifrig einem mechanistischen Weltbild.

Der originellen Vorstellung von der Funktion von „Spiegelneuronen" liegt also das Paradigma zu Grunde, dass Funktionalität stets entsprechend spezialisierte Hardware benötigt, in diesem Fall organische Komponenten, die Neuronen. Das so etwas wie Mitgefühl auf einer ganz anderen Metaebene entstehen könnte, liegt damit in weiter Vorstellungsferne. Erfahrungen beim Umgang mit Geräten, deren Funktionalität auf der Metaebene der Software hergestellt wird, fließen in diese Überlegungen offenbar nicht ein. Insofern erinnert diese Hypothese ein wenig an die erwähnte Phrenologie.

Kleinkinder denken manchmal kurze Zeit, dass sich die Männchen und Figürchen, die sie im Fernsehen sehen, tatsächlich hinter der Mattscheibe befinden. Hirnforscher gehen heute in ähnlicher Weise davon aus, dass unser Bewusstsein und unser Intellekt direkt innerhalb der grauen Gehirnmasse gebildet werden. Als Beweis wird aufgeführt, dass bei der Beschädigung oder Zerstörung gewisser Hirnregionen auch die entsprechende Funktionalität wegfällt.

Beweis? Genauso könnte man „beweisen", dass die Menschlein auf der Mattscheibe verschwinden, wenn gewisse Teile der Bildschirmelektronik beschädigt werden. Wir wissen natürlich, dass der Bildschirm nur eine Art Interface ist, der eine Information zur Anzeige bringt, die woanders hergestellt wird, beispielsweise im Fernsehstudio. Ebenfalls könnten unsere Gedanken woanders entstehen und lediglich auf den Körper übertragen werden. Bitte lesen Sie weiter, bevor Sie diesen Ansatz vorschnell als absurd abtun.

Für mich ist es erstaunlich, dass Gehirnforscher wie selbstverständlich davon ausgehen, dass alles, was wir gedanklich bewegen, auch zwangsläufig seinen Ursprung im Gehirn haben muss. Genauso gut könnte das Gehirn nur ein Interface sein, über das ein heute noch nicht vollständig wissenschaftlich beschreibbarer Geist sich mit der physikalischen Welt verbindet. Natürlich ist auch das nur eine Hypothese. Diese von vornherein auszuschließen oder nicht zu berücksichtigen, wäre aber im höchsten Maße unwissenschaftlich. Genau gesagt: auf unwissenschaftliche Weise praktizierte Wissenschaft. Ein erschreckend großer Teil des Wissenschaftsbetriebs arbeitet ganz offenbar unwissenschaftlich, wenn wir die selbstauferlegten Regeln der Wissenschaft auf die heutige Wissenschaft anwenden. Das erklärt auch die Fülle an Studien, die sich gegenseitig widersprechen.

An der fehlenden Beweislage im Falle der „Spiegelneuronen" ändert auch die Magnetresonanztomographie (MRT) nichts, die keine Unterscheidung erlaubt, ob eine beobachtbare Gehirnaktivität einem entstehenden Gedanken entspricht, oder ob dieser Gedanke lediglich übertragen und im Gehirn zur Wirkung gebracht wurde.

Die meisten Menschen unserer Region nutzen das WLAN jeden Tag, um sich mit anderen Menschen in Social Media zu vernetzen, oder Informationen aus dem universalen Internet abzurufen. Die Benutzung von Wellen zur Informationsübertragung haben wir Menschen nicht erfunden, nur entdeckt und für uns nutzbar gemacht. Drahtlose, also nicht körpergebundene Informationsübertragung gibt es wahrscheinlich schon seit dem Urknall, der ersten Wellenbewegung im Universum, von der Wissenschaftler annehmen, dass sie in Form von „Hintergrundstrahlung" immer noch belauschbar ist. Es ist davon auszugehen, dass die Natur in ihrer Vielfältigkeit von diesen Prinzipien bereits umfangreich Gebrauch gemacht hat und in diesen Punkten, wie auch in den meisten anderen, technologisch weit überlegen ist. Demnach es ist zumindest hypothetisch denkbar, dass wir Menschen untereinander, sowie Mensch und Natur miteinander in einer Verbindung stehen, die für uns heute noch unsichtbar und unerklärlich ist.

Es ist der Zukunft vorbehalten, diese Phänomene zu untersuchen und in ein neues, erweitertes Wissenschaftsgebäude einzugliedern. Für uns hier gilt der pragmatische Ansatz, ähnlich wie in der evidenzbasierten Medizin: Wenn wir etwas ausprobieren können und es funktioniert für uns, dann können wir es auch erfolgreich nutzen.

Demnach ist vorstellbar, dass unser Unbewusstes nicht nur beschränkt auf unseren Kopfinhalt ist, sondern noch viel weiter reicht. Dies würde auch viele Effekte erklären, die mit der Intuition in Verbindung stehen.

Wenn wir mit dieser kritischen Aufgeschlossenheit in die Beobachtung unserer Erlebnisse und Erfahrungen gehen, dann verfügen wir über sehr gute Voraussetzungen, dieses Neuland zu beschreiben, das von der Wissenschaft derzeit noch nicht betreten werden kann, weil die entsprechende Methodik oder passende Messinstrumente noch fehlen. Das Messinstrument, um das es mir geht, sind wir selbst, unser eigenes Empfinden, freilich sauber getrennt von anderweitigen Einflüssen und Regungen.

3.6.3 Vorschlag für den Umgang mit der Wissenschaft

Wir wissen ganz genau, dass die Wissenschaft nicht unfehlbar ist. Trotzdem hegen viele den Glauben, es wäre so, und halten sich daran fest als ob der Verlust dieser vermeintlichen Gewissheit das Leben vollständig ins Chaos stürzen würde. Wissenschaft als Glaubensrichtung und Geisteshaltung!

Platon erzählt das Höhlengleichnis, das er seinem Lehrer Sokrates in den Mund legt. Dieses Gleichnis zeigt in anschaulicher Weise, dass die sinnliche Wahrnehmung der Welt geprägt ist von Vorstellungen und Wünschen, der begrenzten Fähigkeit zu erkennen und zu verstehen, und von Verwirrungen. Übertragen auf die Wissenschaft bedeutet das, das aufgrund begrenzter Wahrnehmung, selbst bei Verlängerung der Reichweite durch Instrumente, niemals ein originalgetreues Abbild der Wirklichkeit erhalten werden kann, stets ein durch das Vorstellungsvermögen reduziertes Gebilde, das mehr aus Ahnung oder Hoffnung (Elpis) besteht, denn aus tatsächlichem Wissen.

Wahrnehmung führt zu Interpretationen, diese wiederum zu Bewertung, wodurch sich eine individuelle Vorstellung von Realität abbildet. Insgesamt ein unglaublicher Flaschenhals, durch den sich unsere Erkenntnisse zwängen müssen.

Genau genommen ist es nicht einmal möglich, uns auf eine gemeinsame Realität zu einigen. Vielfach gehen Meinungen so weit auseinander, dass sich die Betreffenden fragen müssen, ob der andere nicht vielleicht in einer anderen Welt lebt als er selbst.

▶ Am zweckmäßigsten ist es, das zwanghafte Streben nach gemeinsamer Realität, also Meinungs- und Auffassungsgleichheit, zurückzustellen und eher auf gemeinsame Werte zu setzen.

Menschen müssen wieder verstehen, dass Wissenschaft nicht Wahrheit liefert, sondern brauchbare Annahmen, die in gewisser Weise und vorläufig alltagstauglich sind. Diese Brauchbarkeit ermöglicht Erfolg, beispielsweise in Form von technischer Realisierung. Das ist genau der Ansatz, den wir mit den Theorien unseres Lebens verfolgen sollten. Wir sollten die Wissenschaft für das wertschätzen, was sie ist, und sie nicht zu Religion erheben. Damit wir in den Bereichen, in denen die Wissenschaft heute noch nicht zuständig ist, brauchbare Ergebnisse erzielen können, benötigen wir Theorien, die ebenso alltagstauglich sind, wie die Basis für unsere gesamte Technologie.

3.7 Vorschläge zum Umgang mit Paradigmen

Wir haben in den vorangegangenen Kapiteln einige wenige der hinderlichen Paradigmen kennengelernt, von denen es wahrscheinlich noch viele andere gibt.

Dabei handelt es sich um Begrenzungen, regelrechte Pfosten, die Sicht und Zugang auf eine Art Niemandsland verhindern. Dieses unentdeckte Land könnte sehr fruchtbar sein. Ein großer Vorteil für den Ersten, der dessen Weidegründe erschließt. Ob es sich dabei um eine Erfindung handelt, ein Geschäftsmodell, eine wegweisende Idee, eine lebensverändernde Erkenntnis oder ein herausragendes Werk, ist nahezu nebensächlich. Es werden neue Wege beschritten, mit allen Chancen und Risiken. Oft hinterlässt der Pionier dabei deutliche Fußspuren, die auch noch nach Jahrhunderten mit seinem Namen und seiner besonderen Leistung in Verbindung gebracht werden.

Dem gegenüber leben Menschen, eingezäunt von Paradigmen, auf einer nahezu abgegrasten Wiese, wandeln in ausgelatschten Wegen, unentwegt wiederkäuend, was sich

3.7 Vorschläge zum Umgang mit Paradigmen

ihnen bietet, oder konzentrieren sich auf das kleine Fleckchen vor sich, dass sie noch zu beanspruchen in der Lage sind.

Unser Horizont ergibt sich dadurch, wie weit wir um uns herum und in die Ferne sehen können. Der Bereich, in dem sich unser Denken theoretisch bewegen kann, ist ein freies Gelände, das in jeder Richtung bis zum Horizont reicht, zu unserem persönlichen Horizont, versteht sich. Ziele, Chancen und Möglichkeiten können nur innerhalb dieses Horizontes erkannt und wahrgenommen werden.

Den Horizont, also die Reichweite von Denken und Vorstellung, können wir normalerweise dadurch erweitern, dass wir uns auf einen höheren Punkt begeben, was durch Ausbildung oder Schulung unserer Fähigkeiten geschieht. Von diesem erhöhten Aussichtspunkt aus wären wir theoretisch in der Lage, unsere Wahrnehmung in einem größeren Kreis auszudehnen, wenn es auf diesem erhöhten Punkt nicht diese undurchdringlichen Mauern gäbe, Paradigmen, die unser Sichtfeld unnötig einengen. So absolvieren Menschen umfangreiche Studiengänge, nur um dann in der Lage zu sein, besonders weit in eine bestimmte Richtung zu sehen. Die in der Ausbildung durch vorgegebene Methodik und Inhalte aufgeprägten Paradigmen verhindern eine freie Entfaltung. So haben Quereinsteiger und interdisziplinär arbeitende Wissenschaftler heutzutage eine größere Chance, Neues zu entdecken, als Koryphäen einer Disziplin.

Hilfsmittel wie ein Fernglas oder ein Teleskop erhöhen die Auflösung. Im übertragenen Sinne unseres Denkens entspricht dies analytischen kognitiven oder mentalen Methoden, auf die wir zurückgreifen.

Doch egal wie hoch wir steigen, die Erdkrümmung verhindert, dass für den gesamten Planeten überblicken, um unseren Horizont wirklich zu erweitern, beispielsweise andere Länder zu bereisen, müssten wir uns schon bewegen. Im übertragenen Sinne unseres Denkens entspricht dies der Position Veränderung. Es entspricht der Bereitschaft, andere Ansichten, Sichtweisen und Denkmodelle zu begutachten, zu erforschen und sich vielleicht zu eigen zu machen.

Wie uns die Erfahrung lehrt, so beharren viele Menschen auf ihrem Standpunkt. Dies bedeutet, dass sie nur sehr schwer bereit und in der Lage sind, sich geistig zu bewegen, und auf neue Gedanken einzulassen, sofern die allzu weit vom gewohnten entfernt sind. Sie sind Opfer ihrer eigenen Paradigmen.

So führt manchmal ein gesetztes Ziel zu einer gewissen Sturheit, die sich am besten ausdrücken lässt durch die Redewendung „mit dem Kopf durch die Wand". Wer mit dem Kopf durch die Wand will, sollte sich vorher überlegen, was er in den dahinter liegenden Raum anfangen möchte. In vielen Fällen ist dies nicht geklärt, was bedeutet, dass eine übergeordnete Strategie fehlt, die nach der Zielerreichung greifen würde. Doch selbst wenn diese Strategie vorhanden wäre, gibt es vielleicht sehr wahrscheinlich irgendwo eine Tür, nur eben nicht an der Stelle, an der der Kopf durch die Wand soll. Diese Tür entspricht einer alternativen Vorgehensweise oder einer abweichenden Lösung, die erheblich weniger Mühe erfordert oder bedeutend ökonomischer ist.

Unsere Glaubenssätze beeinflussen uns nahezu vollständig. Sie steuern Verhalten, entscheiden über Erfolg und Niederlage, wie viel Selbstvertrauen wir haben, wie zäh und ausdauernd wir sind. Und ob wir etwas von vorneherein als aussichtslos erachten. Unser

Lebenserfolg hängt davon ab, inwiefern es uns gelingt, uns von Paradigmen zu befreien, eigenen wie auch Fremden.

Da die meisten Paradigmen, denen wir unterworfen sind, unbewusst wirken, benötigen wir ein Werkzeug, das diese Glaubenssätze im Unbewussten erreicht und darauf einwirken kann. Dieses Werkzeug ist die Intuition. Im Gesamtschluss ergibt sich, dass der Grad, mit dem wir unsere Intuition nutzen können, auch über den Lebenserfolg entscheidet.

Erfolgreiche Menschen nutzen Intuition in überdurchschnittlicher Weise. Sie verfügen damit über Lösungen, Freiheiten, Alternativen, die weniger intuitiven Menschen nicht zur Verfügung stehen. Bislang hängt der Grad unserer intuitiven Fähigkeiten von einer gewissen Grundbegabung sowie von der in der unbewussten Übung erworbenen Nutzung ab.

Solange Intuition noch nicht allgemein zur Verfügung steht, hilft ein breites Geländer von grundsätzlichen Festlegungen über die ärgsten Klippen hinweg. Diese Festlegungen werden im Folgenden als „Maxime" bezeichnet.

3.7.1 Mit Maximen zur Vollkommenheit

Immanuel Kant schreibt in seiner „Kritik der reinen Vernunft" unter anderem:
„Ich nenne alle subjektiven Grundsätze, die nicht von der Beschaffenheit des Objekts, sondern dem Interesse der Vernunft, in Ansehung einer gewissen möglichen Vollkommenheit der Erkenntnis des Objekts, hergenommen sind, Maximen der Vernunft."

Ich persönlich finde, dass der Philosoph seine Erkenntnis sehr umständlich formuliert hat. Ich habe einige Zeit gebraucht, um mir meine Interpretation zu erarbeiten.

Maxime sind Leitsprüche, eine Art von Balken, aus denen wir das Gebäude der Interpretation unserer Wirklichkeit zimmern, und aus der wir unser zukünftiges Verhalten ableiten. Es sind praktisch Gesetze, die wir uns selbst diktieren.

Eine der berühmtesten Maxime ist der kategorische Imperativ desselben Autors. Dieser Grundsatz schlägt sinngemäß vor, nur nach den Grundsätzen zu handeln, von denen wir uns wünschen, dass sie allgemeines Gesetz werden. Einfacher ausgedrückt, schlägt dieser Spruch eine Handlungsweise vor, die beispielhaft für andere sein könnte, und von der wir uns auch wünschen, dass andere sich uns gegenüber so verhalten.

Eine Maxime der Vernunft wäre zunächst einmal ein selbst auferlegter Grundsatz, der uns als vernünftig erscheint. Kant geht in seinem oben aufgeführten Spruch weit darüber hinaus. Er fordert, nicht von der Beschaffenheit des Objektes auszugehen, sondern das Objekt in seiner möglichen Vollkommenheit anzusehen, und zwar im Interesse der Vernunft. Für mich bedeutet das, beispielsweise Menschen nicht nach ihrem gegenwärtigen Status zu beurteilen oder zu behandeln, sondern nach ihrem Potenzial, ihrer Entwicklung bis hin zu ihrer möglichen Vollkommenheit. Vollkommenheit hierbei bedeutet nicht etwa Perfektion, sondern „vollständiges Vorkommen", eine Vollständigkeit in sich selbst. Dies ist dann eine stimmig wirkende Gesamtgestalt, an der nichts hinzuzufügen oder wegzulassen ist. Stimmigkeit trägt stets individuelle Züge, im Gegensatz zu Perfektion, die ein objektiviertes Ideal bedeutet, also ein Ideal, das für alle gelten muss. Deshalb empfinde ich Perfektion als abstoßend: weil sie suggeriert, dass es so etwas wie ein allgemeingültiges Maximum gibt, ein ultimativ unverbesserlicher Zustand, der auch noch erstrebenswert sein soll.

Das irrationale, ich möchte sagen: „irre" Streben nach Perfektion setzt voraus, dass es einen objektiven Zustand gibt, der erstrebenswert ist, eben die Perfektion. Dieser wäre dann für alle gleich. In unserer gegenwärtigen Welt wird diese irrationale Perfektion in der Modewelt gelebt, in der das Streben nach Perfektion auf einen ganz genau festgelegten Frauentypus zielt: hoch geschlossene Gestalt, lange Beine, schier unerträglich dünne Figur. Lediglich gewisse Geschlechtsmerkmale dürfen deutlich ausgeprägt sein: bei Frauen kugelförmige Brüste, bei Männern Muskelberge.

Perfektion als Zustand ist unerreichbar, da in jedem denkbaren Fall eine Verbesserung möglich ist. Es ist wie der Versuch, eine größtmögliche Zahl zu finden. Stets existiert eine Zahl, die noch größer ist, auch wenn sie nur um eins erhöht wird. Das Streben nach Perfektion ist selbstzerstörerisch, weil ein Ziel anvisiert wird, das stets unerreichbar bleiben wird, egal wie hoch die Anstrengung ist. Streber nach Perfektion sind wie Esel, denen eine Karotte vor die Schnauze gebunden wurde. Wenn wir uns wie ein Esel verhalten und der Wahnidee der Perfektion verfallen sind, so erleben wir den gegenwärtigen Zustand als andauernd unbefriedigend, egal wie weit wir vorankommen.

Vollkommenheit ist ein ganz anderes Kaliber. Das weiß jeder, der schon mal einen vollkommenen Augenblick erlebt hat, wie in dem Spruch: „Augenblick verweile, denn Du bist so schön!"[3]. Es ist der Zustand, in dem wir mit der liebsten Person einfach so herumliegen, um dem Sonnenuntergang zuzusehen. Es sind Momente, die wir als stimmig empfinden, in denen uns nichts fehlt. Nichts muss hinzugefügt, nichts weggelassen werden. Es ist ein Zustand, den wir nicht mit dem Verstand erreichen, sondern nur durch unsere Empfindung.

▶ Vollkommenheit ist eine Qualität, die wir durch unsere Intuition erkennen.

Zurück zu Kant und seinem zitierten Satz. Für mich ist es die Aufforderung, Menschen, Objekte und Gelegenheiten nicht aufgrund der gegenwärtigen Beschaffenheit zu beurteilen, sondern nach ihrem Potenzial.

Am einfachsten ist das zu verstehen, wenn wir uns eine Situation vorstellen. Angenommen, Sie wollen sich ein Haus kaufen, das später einmal ihr Altersruhesitz sein soll. Sie wählen einen Altbau aus, mit Sandsteinfassade und Erkern. Das Haus ist in einem erbärmlichen Zustand, gegenwärtig heruntergekommen und unbewohnbar. Diesen Standpunkt vertreten Sie in der Preisverhandlung. Insgeheim beurteilen Sie das Objekt nicht nach diesem Zustand. Vor Ihrem geistigen Auge erkennen Sie bereits, wie dieses Prachtstück einmal aussehen wird, wenn Sie damit fertig sind. Klar, einige Innenwände müssen eingerissen werden, die Elektrik und Sanitärinstallation muss grundsätzlich neu gemacht

---

[3]Johann Wolfgang von Goethe in Faust1: *„Werd ich zum Augenblicke sagen:/Verweile doch! Du bist so schön!"*.

werden. Sie realisieren, dass dieses Haus einmal optimal zu Ihnen passen wird. Mit diesem Objekt kaufen Sie ein Potenzial, keinen fertigen Zustand. Laut Kant wäre es geradezu unvernünftig, nach einem Haus zu suchen, das von vornherein perfekt passen soll. Perfekt gibt es nicht; vorhandene Objekte wären stets mit gewissen Kompromissen verbunden. Für Ihren Altersruhesitz wollen Sie aber keine unnötigen Kompromisse machen, kein Provisorium anstreben. Sie wünschen sich in diesem Beispiel etwas Endgültiges, etwas, dass in Ihren Augen vollkommen ist. Vollkommenheit bedeutet hier: eine optimale Lösung, ein Optimum.

Sind wir in der Personalverantwortung, dann sind wir durch Kant dazu angehalten, Mitarbeiter eben nicht nur nach ihren gegenwärtigen Fähigkeiten und Leistungen zu beurteilen, sondern nach ihrem Potenzial. Vor einigen Jahren habe ich diese Erfahrung auf sehr eindrückliche Weise gemacht.

Ich hatte eine kleine Firma mit 65 Mitarbeitern, also soweit überschaubar, dass ich mich noch gedanklich mit jedem einzelnen Mitarbeiter beschäftigen konnte. Damals arbeitete eine junge Dame im Sekretariat, die dort allenfalls mittelmäßige Leistungen erbrachte, verglichen mit den übrigen Mitarbeitern im Sekretariat. Ihre Inkompetenz könnte als objektive Tatsache gelten. Subjektiv hat mich irgendetwas davon abgehalten, sie zu entlassen. Es war ein intuitives Empfinden für den besonderen Wert dieser Person. Mein Verstand vermutete naheliegend und verdächtigte mich der persönlichen Zuneigung. In der Ergründung konnte ich dies ausschließen, auch weil ich gerade in eine andere junge Dame verliebt war, die später meine Frau wurde. Durch diese Abgrenzung gegenüber persönlichen Erwägungen gelang es mir, zum wahren Grund vorzudringen. Intuition ist stets ein kreativer, lösungsorientierter Prozess. Indem ich meiner Empfindung folgte, konnte ich bald erkennen, was mir an der Arbeit dieser jungen Dame gefiel: die Gestaltung der von mir diktierten Dokumente und Präsentationsfolien. Im persönlichen Gespräch erfuhr ich, unter welchem Druck die Person gestanden hatte, da sie selbst bemerkt hatte, die Anforderungen im Sekretariat nur ungenügend zu erfüllen. Sie war sehr erleichtert, als ich sie in die Entwicklungsabteilung versetzte, wo sie für die Programmierer grafische Objekte oder komplette Bedienoberflächen gestaltete. Es war zu einer Zeit Anfang der 1990er-Jahre, als Programmierer Grafiken noch selbst erstellten, und nicht etwa Screen-Designer, wie heute. Die Mitarbeiterin war sehr glücklich in dieser neuen Position, die Programmierer geradezu begeistert. Auch die Kunden honorierten die sichtbar gesteigerte Leistung. Ich war sehr zufrieden mit dieser Lösung, die alle Beteiligten zu Gewinnern machte.

Durch dieses und ähnliche Erlebnisse wurde mir der praktische Wert von Intuition bewusst. Ich war inspiriert von der Vorstellung, dieser Intuition mehr Platz in meinem Leben einzuräumen, Fähigkeiten zu entwickeln, diese Intuition häufiger und zuverlässiger einsetzen zu können.

Eine große Hilfe waren die Maximen, die ich für mein Leben aufstellte. Kant propagierte ausdrücklich „subjektive Grundsätze". Damit war klar, dass ich mich nur nach dem eigenen Empfinden zu richten hatte, fremde Vorstellungen grundsätzlich infrage stellen konnte.

Ich empfehle Ihnen, als Leser dieses Buches, eigene Maximen zu entdecken. Als kleine Starthilfe mache ich Ihnen hierzu ein paar Vorschläge.

3.7.2 Die Maxime der relativen Wahrheit

Wie Abschn. 3.6.1 „Wissenschaft ist relativ" erarbeitet, ist Wissen relativ. Das gilt speziell für alle Bereiche, die nicht physikalisch messbar sind. Damit können unterschiedliche Meinungen gleichermaßen gültig sein. Wir sind nicht gezwungen, jemand als „Deppen", „Idioten" oder sonst wie zu beschimpfen, nur weil er abweichender Meinung ist. Wir müssen uns, mit Blick auf Social Media, deshalb nicht „entfreunden" und niemanden „blockieren", keine Erwiderung in unserem Beitrag nur deshalb löschen, weil sie den eigenen Ansichten entgegenläuft.

Vermutlich halten viele Menschen an ihren Ansichten fest, weil sie sonst ihr Weltbild gefährdet sehen: eine Welt, in der es objektives Wissen gibt, an dem man sich festhalten kann. Es sind Menschen, in deren Gesellschaft wir dazu gedrängt werden, eine Zigarette mitzurauchen oder ein Bier mitzutrinken, nur weil sie sich im eigenen Tun bestärkt sehen möchten. Wie minderwertig muss sich jemand fühlen, der ständig um Bestätigung von Mitmenschen buhlt, nur um sich in seiner Meinung und in seinem Verhalten sicherer zu wähnen?

Wir vergessen, dass wir alles nur subjektiv wahrnehmen, und daraus irrtümlich eine scheinbar objektive Wahrheit zusammenschustern. Hier zeigt sich die Behinderung durch die linkslastige Gehirnerziehung am deutlichsten. Wenn wir glauben, über die einzig richtige Wahrheit zu verfügen, dann sind wir in Wirklichkeit irre, haben uns im Gestrüpp unterschiedlich wahrgenommener Realitäten verheddert. Wenn wir anfangen, diese vermeintlich einzig richtigen Ansichten anderen überzustülpen, dann handeln wir als gemeingefährliche Meinungsterroristen.

Deshalb lautet die erste und grundlegende Maxime wie folgt:

▶ „Wahrheit ist relativ. Meine Wahrheit und meine Meinung ist allenfalls subjektiv richtig, auch wenn sie Grundlage meines Handelns sind. Andere Wahrheiten und Meinungen können gleichermaßen gültig sein."

Wenn wir diese Maxime mit Leben füllen, schaffen wir Raum für Intuition. Unzählige Impulse – Eingebungen – können uns dann erreichen. Verharren wir in Engstirnigkeit, dann schneiden wir uns gerade dadurch von unserer Intuition ab.

3.7.3 Die Maxime der agilen Wahrheiten und Meinungen

Fremde Meinungen zuzulassen und trotzdem bei der eigenen Meinung zu bleiben ist nur eine Seite der Medaille. Die andere Seite besteht aus der Fähigkeit, die eigenen Ansichten zu gegebener Zeit zu überprüfen. Die Agilität, also Beweglichkeit, etwas loszulassen, was nicht mehr passt, bestimmt unseren Erfolg. Es ist unsere Fähigkeit, Paradigmen zu erkennen und zu überwinden.

Wahre Größe zeigt sich auch in der Fähigkeit, dazu zu lernen und sich selbst zu revidieren. Es ist kein Gesichtsverlust, einen Fehler oder Irrtum einzugestehen. Auch nicht sich selbst gegenüber.

Wie würden wir in der eigenen Firma agieren, sobald wir erkannt haben, dass der bisherige Kurs einer Korrektur bedarf? Wir würden höchstwahrscheinlich diese Veränderung herbeiführen, auch wenn sie dem widerspräche, was wir bisher verkündet hatten. Das Wohl unserer Firma hinge uns vermutlich mehr am Herzen, als jede Rechthaberei.

Genauso sollten wir in unserem persönlichen Alltag verfahren. Wir dürfen unsere relativen Wahrheiten loslassen oder anpassen, sobald uns neue Erkenntnisse – ein neues Erkennen – erreichen.

▶ „Wenn mir eine Wahrheit begegnet, die für mein Empfinden besser passt, so bin ich stets bereit, diese zu prüfen und gegebenenfalls anzunehmen".

3.7.4 Die Maxime vom Verzicht auf unnötige Erklärungen

Menschen suchen nicht nur nach objektiven Wahrheiten, sondern versuchen auch, Erklärungen für diese vermeintlichen Wahrheiten zu finden. Besonders deutlich wird diese Vorgehensweise in vielen Bereichen der Esoterik. Nirgendwo sonst werden mehr haarsträubende Erklärungen gesucht, um Phänomene so aufzuarbeiten, dass sie für den Verstand vermeintlich leichter zu verdauen sind.

Im Abschn. 1.3 „Neurowissenschaft und Lernpsychologie" haben wir unsere Wahrnehmung der Welt in zwei Bereiche eingeteilt: in den rationalen Teil sowie den irrationalen Teil. Genauso wie es in der Mathematik rationale und irrationale Zahlen gibt.

Der rationale Teil unserer Welt lässt sich beschreiben und erklären, denn er ist verstandesgerecht aufgebaut. Der irrationale Teil entzieht sich dem Verstehen durch den Verstand. Dieser Teil unserer Wirklichkeit lässt sich zwar wahrnehmen, jedoch nicht objektiv beschreiben. Freundschaft und Liebe gehören dazu; Schönheit, Wohlklang und Glück sind ähnliche Begriffe, die sich allenfalls umschreiben lassen. Wir müssen sie erleben, um sie zu begreifen. Be-greifen beschreibt als Wort treffend, dass wir uns buchstäblich herantasten müssen. Niemand versteht Liebe, wenn sie außerhalb seiner persönlichen Erfahrung liegt. Auch ist diese Begrifflichkeit stets vom eigenen Erfahren geprägt und nicht so ohne Weiteres von einer Person auf eine andere zu übertragen.

Viele Menschen versuchen, spirituelle Einsichten und Erfahrungen an andere zu übertragen, indem sie sich abmühen, diese zu erklären. Es ist völlig unsinnig, Dinge mit dem Verstand verstehen zu wollen, die allenfalls durch das eigene Empfinden zu begreifen sind. Es ist auch völlig unnötig, diese Phänomene allgemeingültig erklären zu wollen oder gar wissenschaftliche Begriffe zu bemühen, wie beispielsweise in der Aussage „Das bestätigen uns Erkenntnisse aus der Quantenphysik", offenbar der Joker im esoterischen Erklärungsgeschwurbel.

Hieraus leite ich folgende Maxime ab:

▶ „Unnötige Erklärungen sind zu vermeiden. Es gibt unerklärliche Phänomene. Viele davon gehören zu unserem erfahrbaren Alltag. Diese Phänomene bedürfen keiner allgemeingültigen Erklärung, denn sie sind nur subjektiv für mich gültig."

Ich beschränke mich gegebenenfalls auf die Beschreibung der Bedeutung, die diese Phänomene für mich selbst offenbaren. Ein Beispiel hierzu ist der Gottesglaube, den die Kirche einfordert. Ein blinder Glaube bleibt aufgesetzt und hohl, sofern er nicht einer persönlichen und subjektiven Überzeugung weicht. Diese Überzeugung kann nicht von außen übergestülpt werden und erfolgt einzig aus dem eigenen Empfinden und Erfahren.

Literatur

Eintrag Deutsche Biografie zu Ignaz Semmelweis. https://www.deutsche-biographie.de/pnd118613138.html#ndbcontent.

Humml, S. (3. Oktober 2005). MEDIZIN-NOBELPREIS 2005 – Die Revolution begann mit einem Selbstversuch. Frankfurter Allgemeine Zeitung vom 2005. http://www.faz.net/aktuell/gesellschaft/gesundheit/medizin-nobelpreis-2005-die-revolution-begann-mit-einem-selbstversuch-140915.html.

Mittelstraß, J. (2009). "Uni-Auditorium: Grenzen des Wissens und der Wissenschaft", erschienen am 12. März 2009 im Verlag Komplett-Media, ISBN: 978-3-8312-6359-2, Seite beim Verlag. http://www.komplett-media.de/de_uni-auditorium-grenzen-des-wissens-und-der-wissenschaft_111481.html.

Nobel Prize. (2005). The Nobel Prize in Physiology or Medicine 2005, Website des Kommitees. https://www.nobelprize.org/nobel_prizes/medicine/laureates/2005/.

Wikipedia-Eintrag zum Thema „Gordischer Knoten". Siehe auch https://de.wikipedia.org/wiki/Gordischer_Knoten.

Wikipedia-Eintrag zum Thema „Ei des Kolumbus". Siehe auch https://de.wikipedia.org/wiki/Ei_des_Kolumbus.

Emotion als Fundament der Intuition

4

Warum ist im Zusammenhang mit Intuition das Thema Emotion wichtig? Emotionen werden dem Bauchbereich zugerechnet. Sie bringen die innere Empfindlichkeit ins Bewusstsein. Durch jahrelange Ignoranz gegenüber der Gefühlswelt, haben Menschen die Fähigkeit verloren, diese Gefühle wahrzunehmen und zu interpretieren. Man muss es leider so deutlich sagen: Die meisten Menschen sind emotional inkompetent und werden dadurch eine zunehmende Gefahr für sich und ihre Mitmenschen. Der aktuelle Zustand der Gesellschaft spiegelt diese Unzulänglichkeit.

In vielen von uns köcheln Emotionen, die geflissentlich versteckt, ignoriert und unterdrückt werden. Dabei haben die Emotionen schon längst die Herrschaft übernommen, vielen bereits den Krieg erklärt, die einen emotionalen Zusammenbruch oder den explosiven Ausbruch der Emotionen schon erlebt haben, oder kurz davor stehen. Dieses Problem ist in unserer Gesellschaft so evident, dass es nicht länger unterdrückt werden kann.

Explosive Emotionen kennen wir allzu gut aus Fernsehen und Printmedien. Wir fühlen uns vollkommen unbeteiligt, da ja andere diese schrecklichen Taten verüben. Immer tragen andere die Schuld, und, so ist sich das Volk sicher, alle diese Täter gehören hart und abschreckend bestraft. „Verkehrsrowdy mit Tötungsfolge? Lebenslang wegsperren, solange die Todesstrafe nicht zur Verfügung steht!", verlangen Volksseele und Stammtische. Selbst in gehobenem Umfeld sind solche Befindlichkeitsäußerungen nicht selten.

Keiner merkt, dass er zur Temperatur im Kessel unserer Gesellschaft mit beiträgt, durch sein Verhalten, seine Ignoranz, fehlende Wertschätzung, durch jeden bösen Blick, jede Unmutsäußerung, jede Unfreundlichkeit und vor allem, jedem aggressiv weitergegebenen und verstärkten Ärger. Woher die Hitze unserer Gesellschaft kommt, bleibt dem Einzelnen rätselhaft. Er sieht keine Verbindung zu sich und kann sich selbst auch nicht in der Pflicht erkennen.

Man möchte sich nicht von seinen Emotionen beherrschen lassen, möchte sie kontrollieren. Doch selbst viele Psychologen verstehen unter Emotionsmanagement lediglich die Unterdrückung dieser Regungen (Spiegel 2016). Tatsächlich verfügen viele Menschen über nicht viel mehr als die emotionale Kompetenz eines Vierjährigen, der vor der Öffentlichkeit verborgen wird, und damit keine Chance hat, seine emotionalen Fähigkeiten auf natürliche Weise zu schulen. Genauso verborgen wie dieser Vierjährige, sprich unterdrückt, wird die Emotionalität. Manche Psychologen und Erzieher nennen den Vierjährigen aus dem Beispiel „das innere Kind".

Unterdrückung schafft Probleme. Was unterdrückt wird, neigt dazu, in den Untergrund zu gehen und von dort aus eine zersetzende Wirkung auszuüben. In der Realität nennen wir das Guerillatätigkeit oder Terrorismus. Möchten wir, dass wir unweigerlich zu einem Gefühlsterroristen werden, der entweder das eigene Selbst oder andere bekämpft?

Die wirkliche Beherrschung der Emotionalität bedeutet Wahrnehmung der Emotionen und eine angemessene Reaktion darauf. Emotionen wollen ernst genommen und verstanden werden. Das erscheint oft als lästig, ist aber mit Mitarbeiterführung vergleichbar.

Inzwischen haben Manager gelernt, einen entspannten und motivierenden Umgang mit ihren Mitarbeitern zu pflegen. An dieser Stelle erinnere ich an den Vergleich, nachdem wir im Innern unseres Selbst über eine gewaltige Zahl an Mitarbeitern verfügen. Da liegt es nahe, bewährte Managementmethoden auch auf die innere Führung des eigenen Selbst anzuwenden.

Wenn wir in diesem Vergleich bleiben, bei dem sich unser Innenleben als Großunternehmen abbildet, dann ist es so, als ob es in diesem Unternehmen eine „Pfui-Abteilung" gäbe, die von allen verachtet und vermieden wird. Eine ganze Division, die gemobbt und mit großem Aufwand umgangen wird. Die Effizienz des Unternehmens leidet immens unter jenen inneren Kämpfen. Zudem besteht die Gefahr, dass die Unternehmensziele nicht vollumfänglich, oder überhaupt nicht, erreicht werden. Im Unternehmensumfeld wäre dieser Zustand inakzeptabel. Die meisten Menschen dulden diese Verhältnisse jedoch in sich selbst. Möchten wir die Kontrolle über uns, ist gutes emotionales Management die Voraussetzung dazu.

Emotionale Kompetenz ist ein wichtiger Stützpfeiler für intuitive Fähigkeiten. Wir müssen in der Lage sein, die Herkunft von Regungen festzustellen. Nur so können wir Unterscheidungen zwischen emotionalen Anwandlungen und anderen Bereichen treffen. Deshalb ist die Beschäftigung mit emotionaler Kompetenz an dieser Stelle unverzichtbar.

4.1 Paradigma von der Emotionalen Kontrolle

Hier noch einmal ein stark verbreitetes Paradigma, quasi im Nachtrag, da es zum Kap. 4 „Emotion" sehr gut passt. Hierbei geht es um die, offenbar allseits verbreitete, Auffassung, seine Gefühle überwiegend zu beherrschen.

Wenn Menschen gefragt werden, wie sie es geschafft haben, Meisterschaft über ihr Gefühlsleben zu erringen – ich habe diese Gespräche vielfach geführt – dann höre ich sinngemäß: „Man muss sich eben zusammenreißen, sich beherrschen."

An dieser Aussage liegt etwas Wahres. Es gelingt vielfach nicht, die Emotionen zu beherrschen, denn sie passieren einfach. Nach Ansicht vieler kann man sich im emotionalen Ausnahmezustand lediglich selbst beherrschen. Das bedeutet in etwa, man muss warten, bis es brennt, danach versuchen, den Brand – die lodernden Emotionen – rasch zu löschen und den Schaden zu begrenzen. Für mich klingt das nicht nach einem Beherrschen der Emotionen, sondern nach einem Notfallplan.

Mit Emotionen sind hier wieder diese alarmierenden Zustände von überschäumender Wut, kaum zu tragender Trauer oder nicht auszuhaltender Angst gemeint, sowie viele andere emotionale Zustände, die vom angenommenen Normalzustand abweichen, der idealerweise mit Freude und Wohlgefühl angefüllt sein oder zumindest aus Behaglichkeit bestehen sollte. Freude oder gar Ekstase sind aber ebenfalls Ausnahmezustände, die durch unser Tun errungen werden, oder Geschenke besonderer Umstände sein sollten. Jeder, der erfolgreich an einem Marathon teilgenommen hat, womit das Ankommen gemeint ist, kennt die selbst errungene und tief empfundene Freude.

Dem entgegengesetzt können wir uns jederzeit, also billig und sofort, alle möglichen Genüsse beschaffen, und „Freude" auf vielfältige Weise herbeizwingen. Das sind dann gemachte Belohnungen, beispielsweise für das Ertragen des Daseins. Manchmal sind sie auch Ausgleich für eine verhasste, aber als notwendig angesehene Berufsausübung. Diesen Aspekt möchte ich an dieser Stelle nicht vertiefen, da er uns ganz in eine andere Richtung führen würde.

Es geht mir hier um die Illusion, sein Gefühlsleben zu beherrschen, also so etwas wie emotionales Management zu können. Stattdessen praktizieren viele Menschen den emotionalen Missbrauch auf der Jagd nach dem leichten und schnellen „Glück".

▶ Leider ist es überwiegend so, dass Menschen, die glauben, ihre Emotionen ganz gut im Griff zu haben, in Wirklichkeit lediglich Methoden praktizieren, diese Emotionen zu unterdrücken.

Es ist ein Ausweichverhalten, eine Flucht vor der Verantwortung für sein Innenleben. Emotionale Kompetenz entsteht in der Auseinandersetzung mit seinem Innenleben. Stellen Sie sich vor, es würde sich um viele einzelne Mitarbeiter handeln und Ihr Job wäre es, die Human-Ressource-Abteilung der Ich-AG, die Ihren Namen trägt, zu leiten. Management bedeutet, sein Gefühlsleben aktiv zu begleiten, permanent zu betreuen, vorzusorgen, rechtzeitig geeignete Maßnahmen zu treffen. Genau diese Sorgfalt ist erforderlich, um ein gutes Fundament auszubilden, auf dessen Basis auch größere Herausforderungen des Lebens mit Bravour gemeistert werden können.

4.2 Störende Gefühle

Haben Sie Gefühle? So richtig voll und satt, wie es uns Menschen möglich ist? Nehmen Sie Ihre Gefühle bewusst wahr? Wenn ja: Lassen Sie all Ihre Gefühle zu?

Die meisten Menschen, denen ich diese oder ähnliche Fragen stelle, sagen spontan: „Na klar!". Was sich auf Nachfrage herausstellt ist, was sie tatsächlich meinen: Sie pflegen ein einseitiges Gefühlsleben, indem Sie es sich gelegentlich gut gehen lassen, sich etwas Freudiges leisten, Genuss erleben oder gemütlich dem angenehmen Nichtstun frönen. Es ist das Streben nach Glück. Dabei ist nicht klar, ob der Begriff „Glücklichsein" ein Gefühl ausdrückt oder eher einen Zustand der Zufriedenheit beschreibt.

Wir wissen allzu deutlich, dass unser Gefühlsleben nicht nur aus Glücksgefühlen besteht. Es prasselt eine breite Palette an Gefühlen auf uns ein. Jede dieser Emotionen kennen wir in unterschiedlicher Intensität; emotionale Farben, die unser Menschsein in vielfältiger Form bereichern, uns schützen und leiten. „Könnten!" muss an dieser Stelle ergänzt werden. Denn in Wirklichkeit lassen wir es nicht zu.

Statt bereichert fühlen wir uns durch emotionale Regungen gestört. Gefühlsregungen sind weitgehend unerwünscht, abgesehen natürlich von Freude und Glücksgefühlen. Die meisten übrigen Gefühle werden als unangenehm oder gar lästig empfunden.

Üblicherweise tun die Menschen folgendes: Sie drücken unangenehme Gefühle weg, wollen sie nicht erleben. Angst wird ignoriert, Trauer verdrängt, Ekel vermieden. Damit verweigern sie sich den wichtigsten Indikatoren, die ihnen Rückmeldung zur aktuellen Lebenssituation geben und Grundlage ihrer Entscheidungen sein sollten. Es ist so, als ob diese Menschen in ihrem Auto die Warnlampen abgeklebt hätten, um nicht durch die lästigen gelben oder roten Signale in ihrem Fahrspaß beeinträchtigt zu werden. „Was? Eine rote Lampe leuchtet auf? Passt gerade nicht, denn ich muss zu einem wichtigen Termin rasen!" Also kleben sie einen Smiley-Sticker über die Leuchte.

Beim leisesten Aufmucken des Motors, beispielsweise in Form lästiger Schmerzen in der Herzgegend, wird dem Kraftstoff ein leistungserhöhendes Additiv hinzugefügt, etwa in Form einer Pille, die den Motor nicht nur am Laufen halten, sondern möglichst noch dessen Leistung erhöhen soll. Den eigenen Körper als getunte Karosse: Nitromethan statt Benzin und den Vergaser mit Lachgas belüftet, dann mit Vollgas durchs Leben. Es wäre kein Wunder, wenn früher oder später der Motor versagen und die Kiste ausfallen würde.

Und tatsächlich: Es dauert nicht so lange. Plötzlich fällt der Motor aus und der Mensch hat eine Panne. Der Schaden ist groß, da er es versäumt hat, rechtzeitig notwendige Schritte zu unternehmen, beispielsweise Öl nachzufüllen, in die Werkstatt zur Inspektion zu gehen, beziehungsweise zum Arzt. Irgendwann, und stets völlig überraschend, passiert ein kräftiger Schlag, der Motor geht aus und der Wagen kommt zum Stehen. Die Diagnose der Werkstatt: Kolbenfresser! In diesem Beispiel haben die Betreffenden noch Glück, weil sie „nur" aufgehalten wurden, nicht auch noch in einen Unfall verwickelt sind, womöglich mit sehr viel ernsteren Folgen.

Schlimm genug, denn jetzt ist der Motor kaputt. So manch einer verflucht sein Schicksal, das ihn ohne Vorwarnung ins Elend gestoßen hat. Übertragen bedeutet das: Burn-out, Krankheit oder Unfall. Die meisten trifft so ein „Schicksalsschlag" völlig unvorbereitet. Dabei ist er in den allermeisten Fällen rechtzeitig gewarnt worden, hat sich bemüht, diese Warnzeichen geflissentlich und hartnäckig – stur – zu ignorieren. Manch einer wundert sich dann, wenn er „plötzlich", ausgebrannt ist oder „ganz überra-

4.2 Störende Gefühle

schend" ins Krankenhaus eingeliefert wird. Er meint dann, dass er einfach Pech gehabt hat, es ihn „erwischt" hat. „Kann ja jedem passieren!", entschuldigt er sich.

Gefühle, die wir wegdrücken, ob medikamentös oder durch Ignorieren, gleichen dem Ausschalten von Warnleuchten. Der Kolbenfresser in obigem Beispiel kann für einen Herzinfarkt stehen, für den Anflug einer Depression oder einer Angststörung. Dabei können die ersten Warnzeichen noch relativ harmlos wirken. Eine trügerische Sicherheit, verbunden mit der Illusion, solche „Störungen" in den Griff zu bekommen, wobei anschließend das Verhalten fortgesetzt wird, das zu diesem Vorfall führte.

Das eigene Selbst, der eigene Körper, dient diesen Menschen lediglich als Vehikel, die Ziele im Außen zu erreichen. Sollte sich der Körper bemerkbar machen, so gilt dies als unerwünscht. Schmerzen, Unwohlsein und andere Warnzeichen stören das zielfixierte und leistungsorientierte Leben. Schmerzmittel, Vitamine oder leistungssteigernde Substanzen sollen einen Kick geben, der den Erfolg ermöglicht, oder zumindest durchs Leben hilft. Das tut es dann auch, denn so ein Leben kann sich als unerwartet kurz erweisen, wenn ein Herzinfarkt den finalen Kick-out bringt. So schlittern immer mehr Menschen scheinbar ohne Vorwarnung in einen Burn-out oder eine ernsthafte Erkrankung.

Das sind keine Geheimnisse. Diese Sachverhalte sind alle hinlänglich bekannt, genau wie die Gefahren des Rauchens. Trotzdem werden sie ignoriert. Menschen verhalten sich in diesen Situationen wie kleine, trotzige Kinder, vollkommen gefangen in ihren Emotionen und Neigungen.

Es handelt sich nicht um obskure, undurchschaubare Zusammenhänge, sondern einfache Naturgesetze, zu deren Entschlüsselungen keinerlei mystische Aktivitäten erforderlich sind. Das physikalische Gesetz von Ursache und Wirkung genügt vollauf. Den Rest entschlüsselt der gesunde Menschenverstand. Wer mit geschlossenen Augen am Steuer eines Fahrzeuges Vollgas gibt – sehr viele „Leistungsträger" haben ihr Leben so gestaltet – muss sich nicht wundern, wenn plötzlich ein Crash kommt, wie es sonst immer nur anderen passiert. Dass es uns selbst nicht passiert, ist allerdings kein Naturgesetz, auf das wir uns berufen können, wenn wir vor dem Gericht des Lebens stehen und um Verschonung betteln, um Freispruch von unserer Ignoranz. Es handelt sich dann nicht um eine Strafe des Universums, sondern ein selbst verursachtes Unglück aufgrund vernachlässigter Aufmerksamkeit.

Zu der Entlastung der Betroffenen sei aufgeführt, dass ihnen das besagte Ausbildungssystem keinerlei Hilfen vermittelt, mit derartigen Lebenskrisen umzugehen. Leistung, Effizienz und Effektivität sind die Größen, auf die trainiert wird. Aber was nützt uns diese Entlastung, wenn wir auf jeden Fall die Verantwortung für unser eigenes Leben tragen. Was nützt es uns, wenn auf unserem Grabstein steht:

„Ein Mensch, der Herausragendes geleistet hat, sich nebenher redlich bemühte, das Leben zu meistern. Das Leben hat ihn – ach wie ungerecht und viel zu früh – aus unserer Mitte gerissen."

Deshalb ist jetzt, solange wir noch am Leben sind, der richtige Zeitpunkt, sich die Emotionen mal genauer anzusehen.

Die als unangenehm wahrgenommenen Gefühle lenken uns in unserem Alltag ab, kommen ungelegen, oder geben uns das Gefühl, belästigt zu werden. Zu den Gefühlsfärbungen, die uns in unserem Menschsein geschenkt wurden, und die wir gerne vermeiden, gehören:

- Angst/Furcht
- Ekel
- Wut
- Trauer
- Schmerz
- usw.

Den meisten Menschen ist bewusst, dass Gefühle einen gewissen Nutzen haben. Doch wenn sie könnten, würden sie diese Gefühle abschaffen, oder zumindest in ihrer Intensität stark begrenzen. „Wer braucht schon Angst", denken wir. „O. k., vielleicht ein bisschen, um nicht zu übermütig zu werden und sich zu gefährden." Aber Wut? „Ist gesellschaftlich sowieso nicht toleriert." Und Schmerz? „Schnell her mit der Tablette, ich muss leistungsfähig bleiben!"

Ja, gegen manch Gefühlswallung gibt es ein Medikament, das Abhilfe verspricht. Schon möglich, dass es hin und wieder krankhafte Gefühlszustände gibt, wie die sogenannte Angststörung, die manchmal medikamentös behandelt wird[1]. Wir müssen uns fragen, ob unangenehme Gefühle einer Krankheit gleichzusetzen sind und einer Behandlung bedürfen. Glücklichsein als Normalzustand? Sind vom Glück abweichende Gefühle krankhaft und müssen bekämpft werden?

Vielleicht liegt im Kopfweh eine Botschaft, eine Aufforderung, etwas zu ändern, bevor tatsächlich Schaden eintritt. Das würde bedeuten, dass wir all diesen unerwünschten Emotionen einen Sinn zubilligen müssten. Wie abwegig! – Oder nicht?

Der moderne Mensch hat es verlernt, seine Gefühle im notwendigen Umfang wahrzunehmen, und mit ihnen angemessen umzugehen. Dabei glaubt er, sein Gefühlsleben stets unter Kontrolle zu haben. Er versucht, die Gefühle unter das Diktat seines Verstandes zu bekommen, indem er sie unterdrückt. „Gefühle? Wie irrational!", qualifizieren wir unser Innenleben ab.

Eigene Gefühle ins Erleben zu bringen, diese Emotionen sichtbar zu machen, gilt als „uncool". Männer, die Rührung zeigen oder auch einmal weinen, werden oft als „Weichei" tituliert. Frauen, die ähnliche Gefühlslagen sichtbar machen, bezeichnen manche als „Heulsusen" oder gar „Psycho-Tussis". Unzählige Statusmeldungen in Social Media, sogenannte Ego-Postings, sollen beweisen, dass die Absender ein außergewöhnlich

---

[1] Zum Beispiel mit Neuroleptika und Antidepressiva, Alternativen zur Medikation verfügbar, wie Psychotherapie.

4.2 Störende Gefühle

glückliches Leben führen. Meldungen, die ernstere Gefühle zum Inhalt haben, sind dort sehr viel seltener anzutreffen.

Manch Ego-Posting wirkt auf mich wie der verzweifelte Versuch, im eigenen Sein und Tun eine gewisse Bedeutung zu finden; wenn nicht selbst, dann doch in der Fremdbeachtung.

Auf den ersten Blick scheint das unterdrückte Gefühlsleben kaum eine Rolle zu spielen. Oberflächlich sehen wir die Unterdrückung unpopulärer Gefühle als unseren Lifestyle an. Dieser schreibt uns vor, uns demonstrativ glücklich zu zeigen, andere nicht mit unseren Gefühlen zu belästigen, und ebenso nicht von ihnen damit behelligt zu werden. Es gibt nur wenige Situationen, in denen ein Gefühlsausbruch als gesellschaftskonform gilt. Die sichtbare Trauer auf einer Beerdigung ist so eine tolerierte Ausnahme. Ebenso die demonstrative Rührung angesichts süßer Katzen- und Hundebabys.

Besonders geächtet ist die Emotion der Wut. Sie scheint fast immer in eine heftige Auseinandersetzung zu münden, manchmal in unkontrollierte Gewaltausbrüche. Allenfalls der Vorgesetzte im Unternehmen kann sich erlauben, eine kleine Dosis an Wut zu zeigen. Aber auch hier gilt diese Gefühlsregung als unangemessen, als schlechtes Führungsverhalten.

Es geht nicht darum, Wut excessiv auszuleben, sondern um die gesellschaftliche Gepflogenheit, das Gefühlsleben stark zu unterdrücken. Diese Konvention ist nicht nur äußerst schädlich für die psychische Verfassung des Einzelnen, sondern hat unübersehbare Auswirkungen auf die gesamte Gesellschaft. Der Kessel kocht, der Druck nimmt ständig zu. Wie lange wird die Eindämmung noch halten?

Wir kennen es aus anderen Bereichen: Wenn irgendwo der Deckel drauf ist, wir Unerwünschtes unterdrücken, dann steigt der Druck allmählich, bis es irgendwann zu explosiven Entladungen kommt. Die ausufernde Streitkultur – von einer Kultur zu sprechen ist hier stark beschönigend – die gerade auch in den Social Media grassiert, zeigt eine Eskalationswut, die außerhalb von Kriegszeiten beispiellos ist. Wer Schulkinder hat, erlebt an seinen Schützlingen, wie ruppig heutzutage dort der Umgang ist. Selbst in den besten Schulen geht es heutzutage härter und gewaltbereiter zu als es noch zu meiner eigenen Schulzeit aus Brennpunktschulen bekannt war. Nicht nur der Respekt den Lehrern gegenüber hat stark abgenommen. Der gegenseitige Umgang kann für einzelne Schüler zur Hölle werden. Meine Frau und ich haben das an unserem Kind anschaulich erlebt.

Wir müssen nicht in die Ferne schauen. Auch Nachbarschaftsbeziehungen gestalten sich zunehmend als schwierig, geradezu streitlüstern. Die Eskalation verbaler Gewalt im Alltag, insbesondere im Straßenverkehr, hat einen vorläufigen Höhepunkt erreicht. Wenn dieses Gewaltpotenzial noch weiter steigt, ist mit Verletzten und Toten zu rechnen. Bürgerkriegsähnliche Zustände? Inzwischen nicht mehr unvorstellbar.

All dies resultiert aus der Unfähigkeit der Menschen, mit ihren eigenen Gefühlen umzugehen. Würden Menschen mit ihren Kindern so umspringen, wie sie es ihrem Gefühlsleben antun, so würden sie das Erziehungsrecht entzogen oder gar weggesperrt werden. In der Diktatur des Verstandes werden unangenehme Gefühle ins Lager gesperrt.

In derart feindlicher Umgebung wandern die Emotionen in den Untergrund und sind bestrebt, sich mit aller Macht die Freiheit zu erkämpfen.

Um es noch einmal klar zu sagen:

▶ Unsere Unfähigkeit, das eigene Gefühlsleben zu managen, unsere emotionale Inkompetenz, führt zu einer stetig zunehmenden Anspannung, in Wirtschaft und Gesellschaft.

Es wird härter. Wir spüren diesen zunehmenden Druck in unserem Arbeits- und Privatleben. Besonders Beziehungen leiden unter unseren emotionalen Defiziten.

Wollen wir wirklich abwarten, bis es knallt? Muss es erst sehr viel schlechter werden, bevor es besser wird? Oder gehören Sie bereits zu den Menschen, welche die Zeichen der Zeit in gewisser Weise deuten und bereit sind, ihr eigenes Verhalten kritisch zu überprüfen? Die überwiegende Mehrheit weist anderen die Schuld.

Wir selbst müssen uns ändern, um nicht unterzugehen. Wir sehen diese Untergänge immer nur bei anderen, die schlapp machen, durchdrehen, oder gar Amok laufen. Wir halten sie für Verlierer und schließen gerne aus, dass dieses Schicksal auch uns drohen könnte. Burn-out, psychosomatische Krankheit, Depression, Ausrasten – die Auswahl wird immer größer. Je nach Veranlagung des einzelnen wandert der emotional aufgebaute Druck selbstzerstörend in unsere inneren Organe, oder entlädt sich als exklusive Wut nach außen.

Sie sehen sich als nicht betroffen? Dann fragen Sie sich, ob es in letzter Zeit Situationen gegeben hat, in denen Sie überreagiert haben, etwas zu schroff waren, oder gar „Dampf abgelassen" haben. Oder Sie haben ständig einen sauren Magen, häufig Darmprobleme oder gelegentlich seltsame Herzschmerzen. Die meisten Menschen, die ehrlich mit sich selbst sind, können das eine oder andere bei sich erkennen.

▶ Der moderne Mensch ist ein Gefühlskrüppel, unfähig seine Emotionen angemessen zu erfahren und auszuleben. Er ist emotional inkompetent.

Er schneidet sich von sich selbst ab, von seiner Intuition. Als grobmotorischer Gefühlszombie tappt er durch ein ständig größer werdendes Minenfeld, das sich Menschen gegenseitig bereiten.

Dies ist ein Buch über Intuition, weswegen diese gesundheitlichen und gesellschaftlichen Aspekte nicht im Vordergrund stehen. Intuition hängt sehr stark von der Wahrnehmung ab, von dem Spüren im Inneren. Die Bezeichnung „Bauchgefühl" ist ein subtiler Hinweis auf die Herkunft. Wenn wir unsere Gefühlswahrnehmung ignorieren, dann blockieren wir damit auch unseren Zugang zur Intuition, was in der Auswirkung noch tragischer ist als die gesundheitlichen Risiken.

Deshalb ist es wichtig, das eigene Gefühlsempfinden genau wahrzunehmen und bewusst zu erkennen. So erreichen uns die Impulse aus dem Unbewussten, die Intuition. Und ganz nebenbei tun wir auch etwas für unsere Gesundheit, indem wir drohende

Gefahren und ungesundes Verhalten früher wahrnehmen können. Aber das ist dann nichts weiter als ein willkommener Bonus.

Unsere Gefühle verdienen mehr Beachtung, denn sie sind ein Schlüssel für persönlichen Erfolg und das eigene Lebensglück. Der Schlüssel zur Intuition.

4.3 Emotionale Trigger

Kennen Sie Menschen, die sich so richtig schön aufregen können? Sogar über Dinge, die Außenstehende völlig kalt lassen? Bei manchen Menschen ist es auffällig, wie sie geradezu an die Decke springen, auch bei Anlässen, die uns als gering erscheinen.

Kommt es auch bei Ihnen gelegentlich vor, dass Sie wütend werden, als Reaktion auf die Handlung einer Person? Dann könnte es sein, dass diese Person bei Ihnen eine Art Knopf gedrückt hat, also einen neuralgischen Punkt, der bei entsprechender Stimulation genau den Schmerz erzeugt, der Sie zu dieser Reaktion veranlasst (Abb. 4.1).

Viele Menschen haben diese emotionalen Trigger. Falls Sie bei sich selbst kein entsprechendes Verhalten feststellen können, dann kennen Sie sicher einige Personen, die sich auf diese Weise reizen lassen. Dieses Reizverhalten ist weit verbreitet und findet sich selbst in höchsten Chefetagen. Beispielsweise einen Chef, der wie ein Minenfeld agiert, übersät mit emotionalen Triggern. In seiner Gegenwart ist es schwierig, nicht auf einen der zahlreichen Auslöser zu treten.

Ob Vorstandsvorsitzender, Privatperson oder dazwischen: Gefährlich wird dieser Sachverhalt, wenn eine solchermaßen stimulierte Person sich nicht unmittelbar abreagieren kann. In diesem Fall baut sich rasch Druck auf. Der Frustrationspegel steigt, bis er

Abb. 4.1 Emotionaler Trigger

bedrohliche Ausmaße annimmt. Sobald sich eine Gelegenheit ergibt, öffnet sich wie von selbst ein Ventil zum vermeintlichen Druckausgleich. Der Lebenspartner oder die Kinder werden schikaniert, sofern vorhanden. Oder der Frust wird in Social-Media-Beiträgen niedergesudelt, den sogenannten Hass-Postings. Sehr beliebt ist offenbar der Straßenverkehr, der noch ein weitgehend straffreies Ausleben von Aggressivität gestattet.

All diese Ventile, all diese Zornentfaltung erweisen sich nur scheinbar befreiend. Tatsächlich führt die intensive und fortgesetzte Ausübung von Zorn zur Verstärkung des Zornempfindens. Den Zorn auszuleben macht noch sehr viel zorniger. Es ist ein Verhalten, das sich selbst verstärkt, eine Art Rückkopplungsschleife oder Abwärtsspirale, je nach Belieben.

Zornentfaltung ist also genau das Gegenteil dessen, was wirklich hilfreich wäre, um einen Zustand zu beenden, der auch für den Betroffenen äußerst unangenehm ist. Im Straßenverkehr reagieren auch die anderen Verkehrsteilnehmer zunehmend aggressiv.

Aus Sicht des Betroffenen stellt sich die Sache überraschend simpel dar. Da haben immer die anderen „Schuld": die unfähigen Mitarbeiter, der Lebenspartner, der sich „falsch" verhält, Insassen fremder Fahrzeuge, die gerade behindernd im Weg sind. So ist es auch nicht verwunderlich, dass die Betroffenen sich selbst als Opfer sehen, und daraus die Notwendigkeit ableiten, die externen Störquellen zu verdammen und zu bekämpfen.

Allerdings befindet sich der Mechanismus nicht wirklich außerhalb der betroffenen Person. Dieser Eindruck ist zwar naheliegend, aber täuschend, wie eine Fata Morgana. Zwar war die Fremdperson auslösend beteiligt, hat aber nur einen Mechanismus betätigt, den die betroffene Person bereitstellte. Es ist wirklich so, als ob dort am Körper handtellergroße Knöpfe angebracht wären, die von anderen, ob bewusst oder unbewusst, betätigt werden können. Manche Menschen können diese Knöpfe bei anderen wahrnehmen, und machen sich einen Sport daraus, sie nach Belieben zu drücken. Wir nennen extreme Formen dieses Verhaltens Mobbing. Schon bei Schulkindern ist zu beobachten, dass jemand, der auf Hänseleien besonders stark reagiert, immer wieder Ziel so eines Übergriffs wird, einfach weil es zu gut funktioniert. Als unbeteiligter Dritter ist manchmal zu erkennen, dass die auslösende Person dabei ein Erfolgserlebnis hat, einen kurzen Moment des Triumphes. Auf mich wirkt das so, als ob diesen Menschen das Gefühl von Macht über eigene Frustrationen hinweghilft, oder zumindest davon ablenkt.

Die Opfer der Machtausübung, Menschen mit emotionalen Triggern, reagieren unwillkürlich, wie mechanisch, ähnlich einem Roboter. Einem bestimmten externen Reiz folgt eine unwillkürliche Eigenreaktion, ein Reflex. Dieser Automatismus stellt eine wesentliche Einschränkung der Willensfreiheit dar. Die zugrunde liegende Wirkungskette ist nicht leicht zu unterbrechen, zumal die Betroffenen starr davon überzeugt sind, selbst gar nichts dafür zu können. Sie zeigen mit dem Finger nach außen und wähnen sich selbst gänzlich unbeteiligt. Diese Illusion macht es so schwierig, den Mechanismus zu durchschauen, geschweige denn zu durchbrechen.

Manche Menschen tragen diese Knöpfe sehr auffällig, andere wiederum verbergen sie gekonnt. So gut wie jeder hat diese Auslöser, auch ich ertappe mich hin und wieder, dass ich unverhältnismäßig heftige Emotionen spüre.

Die Knöpfe sind auch da, wenn sie nicht fremdbetätigt werden. Die zugrunde liegende Problematik wird nicht ausgeräumt, nur weil gerade keine Stimulation stattfindet, oder Fremdeinflüsse vermieden werden. Die eigene Krankheit lässt nicht dadurch heilen, indem eine fremde Person behandelt wird: die Tatperson. Die Lösung ist im Betreffenden selbst verborgen, und kann nur dort behoben werden.

Natürlich ist der Verursacher damit nicht aus der Verantwortung. Auch dort kann ein emotionales Defizit bestehen. Es stehen aber nicht diese Drittpersonen im Fokus dieses Buches, sondern Sie.

Zu erkennen, dass so ein Problem besteht, und es bei sich selbst zu verorten, ist bereits ein gigantischer Schritt der Selbsterkenntnis. Noch gewaltiger ist allerdings der Schritt zur Lösung, sprich: Auflösung der Wirkungskette. Dies würde bedeuten, dass der Knopf wirklich und dauerhaft entfernt wäre, nicht nur einfach überklebt, oder gar nur übertüncht. Eine erste Strategie, den Wirkmechanismus bei sich zu unterbinden, könnte es sein, sich unempfindlicher zu machen. Es wäre so, als ob der Schalter mit hineingezwängten Streichhölzern präpariert wäre, um schwerer betätigt zu werden. Aber selbst wenn es gelänge, den Schalter komplett abzukleben, so wäre er noch immer vorhanden, das Problem also in Wirklichkeit „nur" zugedeckt, mit der Möglichkeit, sich jederzeit wieder bemerkbar zu machen, beispielsweise bei stärkerer Fremdbetätigung.

Anzustreben wäre eine Bewältigung, also eine dauerhafte Lösung. Aber wie? Etwa durch Hypnose oder Psychotherapie? Solange dieser Sachverhalt noch keine pathologische Dimension angenommen hat, in Form einer ernsthaften Erkrankung, besteht noch die Möglichkeit, den Kopf selbst aus der Schlinge zu ziehen. Auch hier gilt der Königsweg: Emotion ist Chefsache. Emotionale Kompetenz löst auch emotionale Trigger auf. Noch ein Grund mehr, diese elementare Fähigkeit zu erlernen.

Hier ist die Intuition gleichzeitig Wegweiser und Schlüssel. Doch eins nach dem anderen.

4.4 Sixpack statt Wutfass

Es gilt, eine gewisse „Taubheitsschwelle" den eigenen Gefühlen gegenüber zu überwinden. Nachdem wir an diese Stelle im Buch vorgedrungen sind, haben Sie bestimmt eine gute Vorstellung, wie wichtig es ist, diese vernachlässigten und verdrängten Bereiche des Selbst zu erschließen. Die Frage ist: Wie? Wie können Sie Ihre rechte Gehirnhälfte ins Leben einbeziehen? Für alle Gefühle gibt es bewährte Strategien, diese Gefühle bewusst und souverän einzusetzen, und sie nicht zu bekämpfen.

Ich zeige Ihnen das am Beispiel der Wut, einer Emotion in unserer Gesellschaft, die gegenwärtig die größte Rolle zu spielen scheint.

Das, was wir als Wut zu kennen glauben, ist nicht Wut, es ist die aufbrausende, die überschäumende, explodierende Form von Wut. Eine stark übertriebene Variante, die krankhaft übersteigerte Wut, ein Wutmonster. Vielen Menschen erscheint diese expressive Form der Wut dagegen als normal, etwas das passiert und zum Menschsein hinzu gezählt wird. So wird Wut als eine Art Naturgewalt gesehen, auf die wir Menschen nur wenig Einfluss haben. Sie überkommt uns eben, kann höchstens durch entsprechende Beherrschung unterdrückt oder verzögert werden. Vielleicht ist daraus auch die Legende von der „gerechten" und der „unberechtigten" Wut entstanden, je nachdem, ob der Wutausbruch als gerechtfertigt oder übertrieben erscheint. Alles Unsinn!

Explosive Wut ist stets das Ergebnis eines inkompetenten Gefühlsmanagements. Management bedeutet dabei, und das kann nicht genug betont werden, keinesfalls die Unterdrückung, sondern den effektiven Umgang mit allen Gefühlslagen.

Unterdrückung erfordert fortgesetzte Anstrengung. Es ist so, als ob wir einen aufgeblasenen Wasserball unter der Wasseroberfläche halten müssten, damit andere ihn nicht bemerken. Denn das ist einer der wichtigsten Punkte: andere nicht durch unsere Gefühlslagen zu beeinträchtigen. Es ist so, als ob wir uns für unsere Gefühle schämen müssten. Dies ist eine gesellschaftliche Konvention, die nicht so einfach überwunden werden kann. Es fängt schon bei jungen Leuten an, die demonstrative Gefühlskälte als „cool" bezeichnen. Ein völlig zu Unrecht positiv bewerteter Begriff, der geradezu zur Verstümmelung des eigenen Gefühlslebens auffordert.

Während sich dieser Wasserball immer mehr aufbläst, wächst auch die Anstrengung, ihn unter der Oberfläche zu halten. Die Verkrampfung dieser Anstrengung verbergen Menschen nicht nur nach außen, sondern auch vor sich selbst. Es fällt ihnen nicht mehr auf, ob und welche Gefühle sie gerade unterdrücken, denn sie wenden ihr Bewusstsein davon ab. Viele Möglichkeiten der Ablenkung und Zerstreuung werden genutzt, um diese Gefühlslagen nicht mehr spüren zu müssen. Dazu werden Fernsehen und Computerspiele, aber auch Alkohol und gesellschaftliche Ablenkungen missbraucht. Früher oder später wird der Wasserball so prall, dass die Kraft nicht mehr ausreicht, ihn unter der Oberfläche zu halten. Oder es treten schwächende Lebensumstände ein, in denen plötzlich die Kontrolle über den Ball verloren geht, der in diesem Beispiel für unterschwellige Emotionen steht. Der luftgefüllte Ball ploppt an die Oberfläche, wird deutlich sichtbar, beispielsweise als explosive Wut. Manchmal schämen sich die Betreffenden für ihren Kontrollverlust.

Wut, nach allgemeinen Begriffen, scheint sehr plötzlich aufzutreten. Zunächst ist der Betreffende beherrscht, dann plötzlich wütend. Explosive Wut bahnt sich dann ihren Weg, und ist stets mit einem gewissen Kontrollverlust verbunden. Menschen, die auf diese Weise wüten, sind dann „außer sich", statt außerhalb ihres eigentlichen Selbst.

Würden Sie mir glauben, dass Wut eine durchaus nützliche Erscheinung ist, die meisten Menschen nur nicht die Fähigkeit haben, damit erfolgreich(!) umzugehen? Die meisten Menschen würden dies spontan verneinen, da Wut ja stets unerwünscht daherkommt, abgesehen vielleicht von Anfällen „gerechter" Wut, etwa zur Abwehr eines Angriffs.

Wut gibt es auch in einer gesunden Form, in der sie nicht brennt oder explodiert. Sie hilft uns dann, unseren eigenen Standpunkt zu erkennen und zu vertreten. Wut bedeutet nichts weiter, als ein beherztes „Nein" zur rechten Zeit. Doch Menschen unterdrücken diesen Impuls, und setzen erst damit eine Wirkungskette in Gang.

4.4 Sixpack statt Wutfass

▶ Wut schenkt uns Entschlossenheit.

Mitten im Geschehen ermöglicht sie, zu erkennen, wenn etwas nicht stimmig für uns ist. So finden wir in einem Sekundenbruchteil heraus, dass wir etwas ablehnen möchten. Wir müssen uns nicht lange den Kopf zerbrechen, wir wissen es sofort. Wut ist ein überwiegend hilfreicher Impuls, der uns unmittelbares Handeln erleichtert, unabhängig davon, ob wir uns in der Lage sehen, dies auch zu tun. Natürlich können wir nicht immer und in allen Situationen diesem Impuls nachgeben, und „nein" sagen. Ein Kunde oder ein Vorgesetzter möchte vielleicht etwas von uns, was uns im ersten Moment absolut gegen den Strich geht. Wir sind dann aufgefordert, unseren Standpunkt bestmöglich zu verteidigen. Es gibt jedoch Situationen, wo dies nicht oder nicht vollständig möglich ist. In diesem Fall schlucken wir unseren Ärger. Doch wohin gelangt er dann?

Stellen wir uns eine Art imaginären Behälter in uns vor. Ich nenne ihn „das Wutfass". Dorthin wird aller Ärger und all die Frustration geschüttet, die wir im Alltag nicht unmittelbar ausleben können oder wollen (siehe Abb. 4.2). Es ist nur ein kleiner Zwischenspeicher, der sich auch wieder auf natürliche Weise leeren würde, bei einer entspannten und ausgeglichenen Lebensweise mit ausbalancierten Gehirnhälften. Das ist aber eher die Ausnahme als die Regel.

Bei vielen Menschen füllt sich so allmählich dieses Wutfass, bis bestimmte Pegelstände überschritten werden. Das Überlaufen dieses Wutfasses, die überschäumende Wut, haben wir schon betrachtet. Wollen wir unsere Wut managen, so müssen wir den Pegelstand im Auge behalten. Den genauen Stand können wir natürlich nicht messen. Wir nehmen allerdings deutliche Anhaltspunkte wahr, die uns Orientierung ermöglichen.

Diese Anhaltspunkte, beim Wutfass sind es Pegelstände, charakterisieren sich durch eine auffällige Verhaltensänderung des Eigentümers dieses Wutfasses, also der betreffenden Person.

Abb. 4.2 Wie sieht Ihr Wutfass aus? Radioaktiv oder regelmäßig geleert?

Der erste kritische Pegelstand wird durch das Vorhandensein neuralgischer Punkte, den zuvor erwähnten emotionalen Trigger, charakterisiert. Ich stelle mir dabei vor, dass das Wutfass in dieser Situation in etwa zur Hälfte gefüllt ist. Stellen Sie bei sich unter anderem diese Trigger fest, dann wird es allmählich Zeit, mit aktivem Wutmanagement zu beginnen.

Ein weiterer, sehr viel kritischerer Pegelstand markiert den Übergang in einen Bereich, der dann ohne fremde Hilfe kaum mehr zu bewältigen ist. Ich stelle mir vor, dass das Wutfass dann mehr als drei Viertel voll ist und jederzeit überlaufen könnte. Menschen mit diesem Pegelstand fallen dadurch auf, dass sie mit einer Wut reagieren, die der Situation nicht angemessen zu sein scheint. Es schwappt dann bei jedem Anlass viel Wut aus früheren Situationen mit. Stellen wir dies für uns selbst fest, so ist es höchste Zeit umzukehren, in unserem Leben etwas grundsätzlich zu ändern. Auch ist es in dieser Situation nicht falsch, sich fremde Hilfe zu holen.

Die Wut muss in irgendeiner Form abgearbeitet werden. Stellen Sie sich vor, Sie wollen statt über ein Wutfass lieber über ein Sixpack verfügen. Denn manchmal schafft sportliche oder andere körperliche Betätigung die gewünschte Erleichterung. Wirkungsvoller ist die Transformation dieser Wut in Leidenschaft, also einer Entschlossenheit, die auf andere Lebenssituationen übertragen wird, beispielsweise auf ein Hobby, oder eine andere befriedigende und emotional lohnende Tätigkeit.

Der Goldstandard im Emotionsmanagement bleibt jedoch die rückwirkende Bewältigung einzelner Wutsituationen. Unser Unbewusstes lässt sich zufriedenstellen, wenn wir aus geschluckter Wut eine Lehre ziehen, also etwas daraus lernen und, im Idealfall, für die Zukunft unser Verhalten optimieren. Dann hat die Wut ihre Schuldigkeit getan und kann sich auflösen.

Unsere intuitiven Fähigkeiten sind gerade auch bei dieser rückwirkenden Auswertung sehr hilfreich, wohingegen eine ausschließlich verstandesmäßige Aufbereitung eher zu Groll und Schuldzuweisung führt. Unsere Intuition hilft uns am ehesten beim Management der Emotionen. Gleichzeitig ist emotionales Management eine gute Voraussetzung für wirkungsvolle Intuitionsarbeit.

Halten wir also nicht einfach nur den Ball flach und unter der Wasseroberfläche, sondern leeren wir von Zeit zu Zeit aktiv unser Wutfass.

4.5 Streberkind

Um die Sache mit den zwei Hirnhälften und die Unterdrückung der emotionalen Hälfte mit einem anschaulichen Beispiel zu erläutern, stellen Sie sich bitte Folgendes vor:

Eine Familie hat Zwillinge, die sich zwar einander wie ein Ei dem anderen gleichen, jedoch nicht unterschiedlicher sein könnten. Strenge Erziehungsmaßnahmen tragen diesen Unterschieden Rechnung.

So blickt die Familie voller Stolz auf ihr Streberkind, das sich durch Wohlverhalten auszeichnet. Es ist brav, sitzt diszipliniert am Tisch und bringt gute Noten aus der Schule mit (siehe Abb. 4.3). Das Schmuddelkind hingegen darf nicht an den Tisch. Es ist im

Abb. 4.3 Streberkind

Keller untergebracht, in einem vergitterten Bereich. Es zeigt sich oft unbeherrscht, launisch und emotional. Es wird weggesperrt, damit es die Nachbarn nicht sehen und die Familie nicht bloßgestellt wird.

Aufgrund der restriktiven Maßnahmen wird das Schmuddelkind immer lauter und aggressiver. Wenn es nachts mal besonders laut ist und die Familie nicht schlafen lässt, wird es durch Medikamente ruhiggestellt. Irgendwann bricht das Kind aus seinem Gefängnis aus und entfaltet die aufgestaute Wut. Mühsam wird es wieder eingefangen und noch sicherer verwahrt. Hat es nicht durch sein Verhalten gezeigt, dass die Maßnahmen richtig und notwendig waren?

Nein. Gerade diese Maßnahmen haben diesen Missstand verursacht. So ist aus einem ursprünglich nur etwas lebhaften und sprunghaften Kind ein schwer gestörtes Wesen geworden. Hätten die beiden Kinder zusammen sein dürfen, so hätten sie sich gegenseitig ergänzt und vervollständigt. So wäre aus dem Streberkind nicht ein unerträglicher Langweiler geworden, sondern beide wären gemeinsam zur Lebensmeisterschaft gelangt.

Die meisten Menschen sind zu diesem Streberkind des Verstandes geworden, während ihr emotionaler Zwilling im Keller angekettet bleibt. Die Eltern des Strebers sind überzeugt: Das Streberkind hat sein Leben im Griff!

Auch wir glauben zu wissen, wie das Leben läuft. Schließlich verfügen wir über eine unüberschaubare Menge an Erfahrung. Dann schlägt aus anscheinend blauestem Himmel das „Schicksal" zu. Es läuft doch alles so gut, warum muss uns das jetzt passieren?

Burn-out, Herzinfarkt, eine ernste Krankheit oder ein Unfall – das passiert sonst doch immer nur anderen.

Wenn Sie jetzt den Impuls verspüren, dieses Buch zuzuklappen und in die Ecke zu schmeißen, werden Sie von dem folgenden Text am meisten profitieren. Denn in Ihnen kocht die Emotion, und das Verstehen könnte lebenswichtig werden. Jetzt ist Ihre Willenskraft gefragt, diese Emotion auszuhalten.

Wenn es uns erwischt hat: Haben wir nur Pech gehabt? Hätte das jedem passieren können? Sind wir ein Opfer der Umstände oder des Zufalls? Wenn wir so denken, dann verhalten wir uns abergläubisch. Wir müssten dann ernsthaft annehmen, dass ein Burnout durch eine Art Lebenslotterie verteilt wird. Oder dass ein Herzinfarkt stets unvermeidlich ist, wenn eine „genetische Prädisposition" besteht. Ein schwerer Unfall, den wir beispielsweise als Fahrer eines PKW verursachen, würde dann nicht aufgrund von Eile und Unachtsamkeit entstehen, aus sorgenvollem Abgelenktsein, sondern läge an den schlimmen Wetterverhältnissen, schlechten Reifen, oder dem Baum, der da im Weg stand. Wäre der Baum nicht gewesen …

Ja, was wäre dann? Es gibt unzählige Bäume, Mauern und Leitplanken am Wegesrand unseres Lebens. Der Körper sucht sich das passende Ventil, wenn er nicht mehr kann, die größte, nächste, am einfachsten zu durchbrechende Schwachstelle. Wenn wir mental am Ende sind, erschöpft, sinnentleert und depressiv, sind wir nicht mehr Herr unseres Selbst. Genauso wenig, wie am Tropf im Krankenhaus oder gar auf der Intensivstation.

So ähnlich geht es dem Vorstandsvorsitzenden, der es nicht geschafft hat, der abberufen wurde, um Schaden vom börsennotierten Unternehmen abzuwenden. Möglicherweise wird er wegen Fehlverhaltens zur Rechenschaft gezogen, hat jahrelange Prozesse und einen drohenden Vermögensverlust zu befürchten. Im günstigsten Fall ist die „unehrenhafte Entlassung" mit einem „goldenen Fallschirm" verbunden: einer üppigen Abfindung.

Abgebildet auf unser Leben entspricht das der Frühpensionierung: das Restleben lang nicht mehr arbeiten zu müssen. Wir dürfen uns dann als Opfer widriger Umstände sehen. Vielleicht war es wirklich ein Zufall, der uns in diese Lage gebracht hat. Vielleicht aber hätten wir diesen Ausgang vermeiden können, oder zumindest abmildern. Wir würden es nicht mehr erfahren.

Nicht jede Krankheit oder jeder Unfall muss selbst verschuldet sein. Sicher ist nur, dass das Risiko, Krankheiten oder Unfälle zu erleiden, durch entsprechende Belastungen oder in bestimmten Lebenssituationen stark erhöht ist. Die Wissenschaft kennt den Begriff der psychosomatischen Induktion von Krankheiten. Ebenso ist es nachvollziehbar, dass die Unfallwahrscheinlichkeit sehr stark ansteigt, wenn wir zu sehr im Grübeln beschäftigt sind, und die Wahrnehmung – sprich Aufmerksamkeit – vernachlässigen.

Zumindest dieses Lebensrisiko liegt ganz in unserem Einflussbereich, wie wir noch sehen werden. Das allgemeine Lebensrisiko, einen drastischen Verlust an Lebensqualität zu erleiden, lässt sich damit nicht gänzlich beseitigen, zumindest deutlich reduzieren. Umgekehrt lässt sich durch erhöhte emotionale Kompetenz die Lebensqualität bedeutend erhöhen.

4.6 Lesen lernen

Emotionen beschränken sich nicht nur aufs Innenleben oder das eigene Gefühlsleben. Sie sind ebenso eine Kommunikationsform im Umgang mit Menschen. Die Sprache transportiert nur einen Teil der Informationen. Zur Botschaft gehört auch die emotionale Komponente. Deshalb sollten wir erneut lesen lernen. Doch diesmal geht es nicht um die Entzifferung von Buchstaben, Worten oder ganzer Sätze, sondern um Emotionen. Fremde Emotionen, die Gefühle und die Befindlichkeit anderer. Es ist ein empathisches Lesen, ein Hineinfühlen in das Gegenüber.

Empathie ist nicht einfach ein gefühlsduseliger Zustand, sondern Basis des Verständnisses. Verständnis allein bedeutet noch keine Zustimmung oder kein Nachgeben, nur dass wir die Beweggründe des Gegenübers besser nachvollziehen können. Wenn wir den emphatischen Kanal außer Acht lassen, dann wissen wir praktisch nichts über die Person, die uns gegenübersteht. Wie wollen wir dann zu einer optimalen Beurteilung oder einer Entscheidung gelangen?

Empathie einzusetzen ist eigentlich gar nicht so schwierig. Es ist eher ein Ausschalten verhindernder Einflüsse aus dem Verstandesbereich. Praktisch gesehen reden auch wir hier unsere intuitiv gewonnenen Erkenntnisse weg; durch fortgesetzte, unterbrechende Verstandestätigkeit.

Bei der Methode der Neuro-Linguistischen Programmierung (NLP) wird versucht, diesen intuitiven Prozess der Empathie auf Verstandesebene zu realisieren, indem beispielsweise Sprachmuster ausgewertet und damit der Gesprächspartner klassifiziert wird.

Ich persönlich setze lieber auf die natürliche, umfassendere und universellere Empathie, die sich bei entsprechender Übung wie von selbst einstellt. Hier bedeutet Übung, wie auch sonst, dass die Fähigkeit benutzt wird, auch wenn sie anfangs nicht gleich großartige Ergebnisse liefert. Schon nach kurzer Zeit wird diese Einfühlsamkeit zu Gewohnheit, und die Fähigkeit verbessert sich kontinuierlich. Das verbessert die Kommunikation mit Menschen, da von vornherein ein gewisses Grundverständnis besteht, das sich manchmal überraschend wechselseitig ausbildet.

Dann klappt es auch besser mit dem Nachbarn oder der Nachbarin.

4.7 Emotionale Kompetenz

Emotionale Kompetenz bedeutet, eigene und fremde Gefühle besser wahrnehmen, verstehen, und damit umgehen zu können, fremde und eigene Gefühlszustände zu erkennen und angemessen darauf zu reagieren und mit ihnen arbeiten.

Mit Emotionaler Kompetenz gelingt es uns, beide Gehirnhälften ins Gleichgewicht zu bringen. In Balance und Harmonie können sie perfekt zusammenarbeiten, und herausragende Ergebnisse erzielen, die gelegentlich zu großartigen, bisweilen geradezu triumphalen Glücksgefühlen führen, die eine ganz andere Qualität haben, als das gekaufte „Glück".

▶ Mit Emotionaler Kompetenz entwickeln wir uns fort vom Emotions-Fastfood, hin zum emotionalen Gourmet.

Angenommen, Sie könnten das auch mit allen anderen Emotionen, was würde das für Ihr Leben bedeuten? Dass nicht mehr die Gefühle Sie beherrschen, sondern Sie selbst aktiv die Gefühle managen können? Was würde das für Ihre Work-Life-Balance bedeuten? Sie wissen ja: Der bedeutendste Teil des Managements ist Selbstmanagement.

Zum Schluss dieses Kapitels noch ein Zitat vom Komponisten Schumann, der selbst über eine prächtig entwickelte Intuition verfügt haben muss. Er hat erkannt: *„Der Verstand irrt, das Gefühl nie."*

Literatur

Spiegel. (2016). Siehe Spiegel-Online vom 16.12.2016. http://www.spiegel.de/karriere/emotionen-so-vermeiden-sie-gefuehlsausbrueche-im-buero-a-1125765.html.

Intuitive Kompetenz

5

Intuitive Kompetenz basiert auf einem tragfähigen Gebäude von Annahmen, das uns in die Lage versetzt, mit den Anforderungen des Lebens besser zurecht zu kommen, bessere Entscheidungen zu treffen, spontan und richtig entscheiden zu können, Entscheidungen mit Nachhaltigkeit zu finden, letztendlich zu zufriedenstellenden Entscheidungen und Ergebnissen zu gelangen.

5.1 Heller sehen?

Lassen Sie uns den Faden der Hellsichtigkeit erneut aufgreifen, um ihn vor aller Übertreibung und romantischen Verklärung zu befreien. Jenseits befindet sich der Aberglauben, diesseits, also in dem Bereich, in dem sich dieses Buch bewegt, verfügen wir über ausreichend Raum, um noch nicht ganz verstandene Phänomene mit dem gesunden Menschenverstand zu untersuchen.

Wir verfügen über Sinnesorgane, die zu ganz erstaunlichen Leistungen fähig sind. Diese Sinnesorgane nehmen sehr viel mehr an Informationen auf, als wir bewusst verarbeiten können. Hätten wir einen besseren Zugriff auf diese unbewusst aufgenommenen Informationen, so wären wir alle ein wenig hellsichtig, würden ein wenig mehr von den Dingen kapieren, die einem durchschnittlichen Bewusstsein noch verborgen sind. Wir könnten etwas Licht in die Dunkelheit unseres Verstehens bringen, mehr erfassen und begreifen, erhellend wirken. Mit übersinnlichen Fähigkeiten hätte das nichts zu tun, denn die Basis dieser Erkenntnisse wären ganz normale Sinneswahrnehmungen.

Menschen, die aufmerksamer sind und durch fortgesetzte Betätigung dieser Aufmerksamkeit einen gewissen Spürsinn entwickelt haben, sind natürlich anderen überlegen, die über diese Aufmerksamkeit und diesen Spürsinn nicht verfügen. Oft wird diese Fähigkeit mit erworbener Erfahrung gleichgesetzt. Damit liegen wir vermutlich nicht falsch, wenn wir dabei an die vielen Eindrücke denken, die es lediglich in unser Unbewusstes geschafft haben und nie in unserem Bewusstsein aufgefallen sind. Unbewusst verfügen wir über sehr viel mehr Informationen, als wir durch Nachdenken und Erinnern abrufen können.

Unter Hellsehen wird die Fähigkeit verstanden, Dinge zu erkennen, die anderen Menschen gewöhnlich verschlossen sind. Deshalb mögen diese Fähigkeiten Fremdbetrachtern als rätselhaft, manchmal auch als übersinnlich erscheinen. Es geht aber stets mit rechten Dingen zu.

Akrobaten vollbringen unglaubliche Leistungen und zeigen, wozu wir Menschen in der Lage sind, entsprechende Fokussierung und Übung vorausgesetzt. Da ist nicht die Rede von übermenschlicher Leistung, denn uns ist klar, dass diese Fähigkeiten aus entsprechendem Training resultieren. Einen übernatürlichen oder übermenschlichen Hintergrund anzunehmen, erscheint uns da absurd. Genau solche abgehobenen Leistungen sind dem menschlichen Geist möglich. Auch hier ist die Herkunft natürlich und erworben, durch entsprechende Betätigung der mentalen und intuitiven Fähigkeiten. Erstaunliche Fähigkeiten, wie wir sie im körperlichen Bereich bei Akrobaten bewundern, sind auch mit dem Geist erzielbar. Dabei müssen wir in diesen Gebieten keine akrobatischen Höchstleistungen vollbringen. Sind wir einigermaßen gut im Training, so hält uns das fit für den Alltag. Ich rede hier nicht von Sport, sondern der Anwendung und dem täglichen Training der Intuition.

So gesehen stellt sich Hellsichtigkeit als Wahrnehmungsproblem dar, und eine Fähigkeit, die wir trainieren können. Dann stellen sich Erkenntnisse ein, die schon mal zum Staunen führen können.

Lassen wir hier den Begriff Hellsichtigkeit zurück und wenden uns der Begrifflichkeit „Intuition" zu.

5.2   Wahrnehmungsfilter

Unsere intuitiven Fähigkeiten hängen in erster Linie davon ab, inwiefern wir Impulse und Informationen aus dem Unbewussten wahrnehmen können. Doch bevor etwas in unser Bewusstsein dringt, müssen erst einmal unsere Wahrnehmungsfilter überwunden werden.

Menschen haben stark unterschiedliche Wahrnehmungsfähigkeiten. Der eine bekommt mehr mit, der andere geht wie mit Scheuklappen durchs Leben und übersieht auch größere Veränderungen. Es gibt Menschen, denen jedes noch so kleine Detail auffällt. Kinder zum Beispiel. Sie staunen über eine Pusteblume am Wegesrand und können sich damit eine Weile beschäftigen. Wir Erwachsenen haben mit der Zeit Wahrnehmungsfilter entwickelt, sodass nur die für uns interessanten Ereignisse in unser Bewusstsein dringen. Wenn etwas uninteressant ist, dann ignorieren wir es gewöhnlich, falls es sich uns nicht aufdrängt.

Wir müssen uns dieser Wahrnehmungsfilter bewusst werden, um sie gezielt in Bereichen auszuschalten, in denen wir unsere Wahrnehmung verbessern möchten. Filter verhindern bei den meisten Menschen der heutigen Zeit, dass sie ihre innere Stimme, die

Intuition, wahrnehmen. Durch die starke Konzentration auf Außenwahrnehmung wurde dieser innere Kanal leise gestellt, oder gar ganz abgedreht. Es ist wie früher, als wir noch nicht mit einem vernetzten Navigationssystem mobil unterwegs waren, und den Verkehrsfunk hörten. So konnten uns Staumeldungen, oder in selteneren Fällen Katastrophenwarnungen, problemlos erreichen. Menschen, die ihr inneres Radio stumm geschaltet haben, bekommen diese Informationen aus der Intuition nicht mehr. Damit haben sie sich von einer wertvollen Informationsquelle abgeschnitten.

Das immer populärer werdende Achtsamkeitstraining ist eine von mehreren Methoden, diesen inneren Kanal wieder zu reaktivieren und nutzbar zu machen. Zwar steht beim Achtsamkeitstraining die Aktivierung der Intuition nicht im Vordergrund, ist aber ein angenehmer Nebeneffekt, den wir gerne mitnehmen. Dieses Achtsamkeitstraining ist eine Form der Meditation, die auf Wahrnehmung zentriert ist.

Das Magazin Spiegel, ganz in konventioneller Verstandeshuldigung verstrickt, tituliert Achtsamkeit als „aktuelle Antwort auf Druck und Burn-out", und „Esoterik-Chic einer erschöpften Leistungselite" (Spiegel 2016). Vorschläge, wie denn dieser einseitigen Hirntätigkeit, beziehungsweise Lebensweise, die zu Erschöpfung und Burn-out führen kann, wirksam beizukommen ist, liefert Der Spiegel nicht. Es genügt die polemische Anbiederung an die vermutete mehrheitsfähige Lesermeinung. Journalistisch informativ ist das nicht. Wie wir aus der Vergangenheit der menschlichen Geschichte wissen, ist es gerade diese Ignoranz gegenüber Veränderungen und Innovationen, die geistigen Pionieren das Leben und Wirken erschwert. Wenn wir neue Wege beschreiten, dann verlassen wir gezielt die bisherigen Vorstellungen, die Annahmen und Begrenzungen der Allgemeinheit, um eine neue, einzigartige Erfahrung zu machen. Die Vorstellungen der Masse, sowie die aufgeprägten Grenzen und Leitbilder, stellen ebenfalls einen Wahrnehmungsfilter dar, dessen Überwindung herausfordernd sein kann.

Allgemein ist Meditation eine gute Übung, um die mentalen und intuitiven Fähigkeiten zu steigern, vor allem in Fällen, in denen ein zielgerichtetes Intuitionstraining noch nicht zur Verfügung steht. Oft wird Meditation dazu benutzt, um den Stresspegel zu senken und in unserer umtriebigen Zeit einen gewissen Ausgleich zu erzielen. Alternativen dazu sind Yoga und autogenes Training.

All diese Betätigungen können dazu dienen, den Boden für Intuition zu bereiten. Um Intuition auf Abruf zu erhalten, dienen zusätzliche Fähigkeiten, über die wir auf wundersame Weise verfügen, als Nebeneffekt unseres Freizeitverhaltens. Darum geht es im Abschn. 5.3.

5.3 Das Leben mit Pausentaste und schnellem Vorlauf

Die meiste Zeit versuchen wir sowieso, uns abzulenken. Wenn ich in einem öffentlichen Verkehrsmittel fahre, dann fällt mir auf, dass so gut wie jeder Mitfahrer sich irgendwie beschäftigt, meistens mit seinem Smartphone. Einige wenige lesen noch eine Zeitschrift oder ein Buch. Auf längeren Fahrten döst der eine oder andere ganz gerne.

Eine absolute Ausnahme stellen Menschen dar, die ihre Aufmerksamkeit dem unmittelbaren Geschehen widmen, beispielsweise indem sie aus dem Fenster sehen und die schöne Landschaft beobachten. Die Realität, in Echtzeit, ist etwas, was offenbar nicht gut auszuhalten ist. Wir haben Ziele, betrachten aber den Weg dorthin als notwendiges Übel. Die Wartezeiten, beispielsweise bis zur gewünschten Haltestelle, ertragen wir allenfalls mit Ungeduld. Gäbe es im Film unseres Lebens eine Taste für den schnellen Vorlauf, so würden wir sie immer dann betätigen, wenn wir uns in so einer Situation befinden. Dem einen oder anderen mag es als sinnvoll erscheinen, gerade in Wartesituation den Vorspulknopf zu betätigen, um die lästige Warterei zu überspringen. Beim Arzt würden wir den Knopf betätigen und gleich zu dem Punkt springen, an dem wir aufgerufen werden. Sobald wir im Zug unseren Platz eingenommen haben und die Taste betätigt haben, dürften wir auch schon wieder aufstehen, weil wir am Zielort wären. An der Kasse im Supermarkt kommen wir immer gleich dran, weil wir – Sie ahnen es – auch dort auf die Vorspieltaste drücken.

Wäre so eine Taste sinnvoll? Jedenfalls gibt es sie, im übertragenen Sinne, und sie wird recht häufig eingesetzt. Müssen Menschen warten, dann gehen sie bereits heute in den Modus eingeschränkten Bewusstseins. Dies geschieht dadurch, dass sie sich etwas angucken oder etwas lesen. Am wirkungsvollsten ist ein Video, denn dann wird ein Passivmodus aktiviert, der komplett aus der Realität und in ein Fantasiereich führt. Es ist ein Trip in eine Vorstellungswelt, in der der Teilnehmer bequem an der Hand genommen wird, weder denken, noch entscheiden, noch sich in irgendeiner Weise betätigen muss. Ganze Vorstellungswelten fluten durch das ruhende Bewusstsein. Bücher setzen deutlich mehr Vorstellungsgabe voraus, dort entstehen die Bilder erst im Kopf.

Wenn die Möglichkeit nicht besteht, sich mit einem Medium wie Buch, Mobilfunkgerät usw. zu beschäftigen, dann gehen wartende Menschen fast ausnahmslos in eine Art Schlafzustand, in dem zwar die Augen noch offen sind, jedoch die Wahrnehmung sehr stark eingeschränkt ist. Menschen sind oft so konditioniert, dass sie sich an eine Schlange hängen und sofort in diesen Passiv-Modus wechseln. Sie merken dann nicht, dass die Schlange quer durch den Raum wächst und anderen Passanten den Weg verstellt. Sich hindurchzwängende Passanten werden als Störung wahrgenommen, wobei nach Beendigung der Störung sofort die Lücke wieder geschlossen wird.

In meiner zweijährigen Beratungstätigkeit für ein führendes Telekommunikationsunternehmen konnte ich dies täglich beobachten: Die Schlange vor dem Espressostand wuchs quer durch den Raum der Eingangshalle und behinderte Passanten, die vom einen Teil des Gebäudes in den anderen gehen wollten. Dabei wäre es so einfach gewesen, die Warteschlange entlang der Wand aufzubauen. Doch die einzelnen Glieder der Schlange, allesamt hoch gebildete Menschen aus dem Bereich Technologie und Verwaltung, realisierten nicht, dass sie in ihrer Gesamtheit zur Behinderung wurden. Sie stellten sich an das Ende der Schlange und gingen dann nahezu übergangslos in eine Art Trancemodus, der durch eine stark reduzierte Wahrnehmung gekennzeichnet ist. Man erkennt es daran, dass die Menschen dann unbestimmt in die Gegend starren, sich offenbar in einem eine Art Tagtraum befinden.

5.3 Das Leben mit Pausentaste und schnellem Vorlauf

Dort und an anderen Stellen konnte ich beobachten, dass die Gesamtintelligenz einer Warteschlange, bestehend aus einzelnen Menschen, in etwa der Intelligenz eines Regenwurms entsprach, der sich über ein Trottoir schlängelt. Warum werden Menschen zu Zombies, wenn sie warten müssen? Ist das etwa ein Modus, in dem das Bewusstsein Energie spart? Kostet es Mühe, bei Bewusstsein zu bleiben?

Es dauerte einige Zeit, bis ich die Lösung dieses Rätsels fand. Wir tun dies tatsächlich, um Energie zu sparen, denn Aufmerksamkeit ist anstrengend, daher verbraucht sie Energie. Wir sind so sehr gewohnt, unseren Verstand einzusetzen, dass uns Situationen, in denen dieser Verstand nicht gefordert ist, verunsichern. Wir wissen nichts mit uns anzufangen, wenn unser Verstand nicht gebraucht wird. Kleinere Zeiträume überbrücken wir durch Grübeleien, indem wir an vergangenes und zukünftiges denken. Gerne bewerten wir auch Personen, Umstände oder Gegebenheiten, auch wenn wir mit ihnen nicht direkt in Kontakt sind. Dies tun wir umso lieber, je einfacher wir uns mit anderen Menschen darüber austauschen können. Klatsch und Tratsch.

Viele Menschen haben Mühe, diesen unentwegt plappernden Verstand in seine Schranken zu weisen. Vielleicht auch deshalb, weil die Vorstellung existiert, wir selbst wären dieser Verstand und nichts weiter als dieser Verstand.

Insassen in gewissen Anstalten gibt man heute noch Pillen, um diesen Beruhigungseffekt zu erzielen. Wenn wir uns durch ein Medium in Trance versetzen lassen, dann ist dieses Medium meistens Fernsehen oder Film. Wir nennen diesen Trance-Modus Erholung oder Unterhaltung. Interessant ist, dass wir diesen intellektuellen Stand-by-Modus nicht nur dann aktivieren, wenn wir uns umständehalber in Wartesituationen befinden. Wir tun dies auch in unserer Freizeit, um uns – da muss man genau hinhören – die Zeit zu vertreiben. So, als ob wir freie Zeit, also Freizeit, nicht ertragen würden. Wir werden dann unterhalten, sind dann zerstreut, jedenfalls beschäftigt.

Dieser Trance-Modus ist nicht schlecht. Wir sollten nur wissen, was wir tun. Außerdem sollten wir bedenken, dass wir in einem Trance-Modus sehr empfänglich sind für Suggestionen jeder Art. So ist es kein Wunder, dass wir einen gewissen Teil unserer Vorstellungswelt aus Filmen übernehmen. Ich merke das in unserer halbwüchsigen Tochter, die gerne TV-Jugendserien aus Übersee ansieht. Einige der dort aufgeschnappten Verhaltensweisen hat sie bereits übernommen.

Für die Arbeit mit Intuition können wir daraus zwei Dinge lernen:

1. Es gelingt uns regelmäßig, den plappernden Verstand herunterzufahren, und unser Bewusstsein in einen gewissen Passivmodus zu bringen.
2. Wir schaffen es spielend, in einen Trance-Modus zu gelangen, der einer weit geöffneten Empfangsfrequenz entspricht.

Beide Fähigkeiten ergänzen sich ausgezeichnet dabei, Intuitionen zu empfangen, die ansonsten von Verstandestätigkeiten übertönt werden würden.

Mit dieser Erfahrung als Referenz verfügen wir bereits über einen wertvollen Baustein zur erfolgreichen Nutzung der Intuition.

5.4 Intuition ist nicht das Bauchgefühl

Wenn wir von Bauchgefühl sprechen, so meinen wir damit die Intuition. Doch ganz so einfach ist es nicht. Wenn beispielsweise unser Magen knurrt, ist das zwar eine Art Bauchgefühl, hat aber mit Intuition im Allgemeinen nichts zu tun.

Intuition ist nur dann zuverlässig, wenn es uns gelingt, sie von Regungen und Impulsen zu unterscheiden, die aus anderen Bereichen kommen. Wenn wir allen Einflüsterungen unseren Glauben schenken würden, die uns täglich heimsuchen, wenn wir alle Regungen als Eingebung oder Inspirationsimpuls interpretieren würden, dann wären wir genauso verloren wie ein Schiff, bei dem die Navigation komplett ausgefallen ist. Wir müssen erst lernen, in unseren Regungen zu navigieren, um uns im Wust der Informationen, die sich in unser Bewusstsein drängen, orientieren zu können.

Beginnen wir mit einer groben Charakterisierung der unterschiedlichen Informationsquellen. Wir glauben, über so etwas wie einen Verstand zu verfügen. Und tatsächlich gibt es Anhaltspunkte dafür, nämlich unsere Fähigkeit, uns Dinge vorzustellen. Es gelingt recht einfach, in der Vorstellung Bilder wachzurufen, die dann bestimmte Gefühle erzeugen, wie zum Beispiel Trauer, Melancholie und Wut. Es genügt, ein Erlebnis aus der Erinnerung abzurufen, es bildhaft zu beleben, und schon stellen sich die damals erlebten Gefühle in gewissem Umfang wieder ein. Solche Visionen aus dem Verstand sind keine Intuition, auch wenn sie noch so gefühlsbesetzt daherkommen.

Viele Menschen beschreiben das Herz als Quelle für Empfindungen. Mit „Herz" ist natürlich nicht in erster Linie die biologische Blutpumpe gemeint, sondern ein ideelles Konstrukt, das Zuneigung, Liebe, Verständnis und Einfühlsamkeit ermöglicht.

In der herkömmlichen Vorstellung bieten Herz und Verstand zwei Pole, die kaum unterschiedlicher sein könnten. Dabei wird der Verstand als Kraft und Fähigkeit, das Herz als Qualität und Emotion beschrieben. Auf den ersten Blick sieht es so aus, als ob sich damit auch das Hemisphärenmodell des Gehirns repräsentieren ließe. In diesem Fall wäre das Herz zuständig für die emotional-intuitive Komponente und der Kopf für den Verstand. Klingt zunächst logisch.

Bei näherer Beschäftigung mit dem Thema fällt ab einem gewissen Punkt auf, dass dieses Modell der Gegensätze nicht vollständig ist. Nicht alle unbewussten Regungen lassen sich eindeutig dem Herz oder dem Kopf zuordnen. Beispielsweise wenn wir im Supermarkt sind und Nahrungsmittel einkaufen. Dabei kaufen wir manchmal mehr ein, manchmal weniger. Bei genauerer Betrachtung stellen wir fest, dass wir mit hungrigem Magen mehr einkaufen, als mit vollem. Für mich stellt sich damit die Frage, wo dieser Impuls seinen Ursprung hat. Ist das der Verstand, der ganz pragmatisch entscheidet, sich intensiv dem Hunger zu widmen? Oder das Herz, das so erfüllt ist von den Köstlichkeiten, die wir in unseren Einkaufswagen stapeln? Beides will nicht so recht passen.

Demnach gibt es eine dritte Kategorie von Regungen, die nicht aus dem Verstand und nicht aus der Intuition kommen. Es sind Gefühle, die sich tatsächlich im Bauchbereich spüren lassen, speziell dann, wenn es sich um Hunger handelt. Aber auch Wut, Angst und Ärger sind dort angesiedelt. All diese Regungen haben weder mit dem Herz noch mit dem Verstand zu tun.

Wenn es uns gelänge, unsere Regungen auf diese drei Quellen aufzuteilen, dann würde es uns sehr viel leichter fallen, daraus die richtigen Schlüsse zu ziehen. Teilweise tun wir das schon. Beispielsweise wenn wir, wie man es so schön sagt, müssen müssen. Manchmal ist eine Toilette nicht in der Nähe. Oder es ist uns gerade wichtiger etwas zu Ende zu bringen, bevor wir dieser Regung nachgeben. Als Kind mussten wir das erst lernen, doch inzwischen beherrschen wir das ganz gut: das Aufschieben unserer Bedürfnisse. Je größer unsere Impulskontrolle ausgeprägt ist, desto freier und flexibler können wir mit Regungen aus dem Bauchbereich umgehen.

Die Klassifizierung der Regungen nach den Quellen Kopf, Herz und Bauch bedeuteten nicht, dass diese Quellen wirklich in Herz, Bauch und Kopf verortet sind. Es handelt sich dabei nur um ein Modell, das uns zur besseren Vorstellung dient. Ein kleiner Anhaltspunkt ist der Ort im Körper, an dem wir gewisse Emotionen spüren. Demnach sind körperliche Bedürfnisse, Ängste und Befürchtungen eher im Bauchbereich angesiedelt, weil wir sie meistens dort auch spüren. Erhabene Gefühle, wie Freude und Dankbarkeit lassen sich oft im Brustbereich lokalisieren. In Augenblicken großer Ergriffenheit führen viele Menschen die Hand zur Brust.

Dinge, die mit dem Verstand zu tun haben, ordnen die meisten Menschen dem Kopfbereich zu. So schlagen sie sich an die Stirn, wenn sie etwas vergessen haben. Sie reiben sich die Schläfe, den Nasenrücken oder das Kinn, wenn die Denkfähigkeit gefördert oder der Verstand angekurbelt werden soll.

Die Quelle der Intuition ist damit dem Herzbereich zuzuordnen. Intuition hat weder mit dem Verstand zu tun noch mit dem Bauch. Daher könnte der Begriff Bauchgefühl etwas in die Irre führen. Solange wir aber wissen, was damit gemeint ist, entsteht kein Schaden.

Um Intuition erfolgreich und wirksam nutzen zu können, ist es erforderlich, sie von Regungen aus dem Bauchbereich sowie Wünschen oder Visionen aus dem Verstand zu unterscheiden.

Zum besseren Verständnis habe ich die drei Quellen der Regungen aus dem Unbewussten bestimmten Berufstätigkeiten zugeordnet. Alle drei beschreiben jeweils einen Funktionsbereich unseres Selbst. Dieses selbst besteht aus dem Zusammenwirken dieser drei Komponenten im Wesentlichen. Wir sind also jede dieser Einzelpersonen, und gleichzeitig alle zusammen.

Lernen Sie jetzt den Hausmeister, den Verwalter und den Eigner kennen.

5.4.1 Der Verwalter (Manager)

In dem Unternehmen, das beispielhaft für unser Sein und unsere Identität steht, entspricht der Verwalter dem Verstand. Der Verwalter (Abb. 5.1) in uns, oder wenn Sie wollen auch Manager, stellt eine hoch entwickelte und sehr leistungsfähige Schnittstelle dar, um sich in dieser Welt zurechtzufinden und mit ihr erfolgreich zu agieren. Er steuert unsere bewussten Handlungen, setzt vorgegebene Ziele um, und managt alle Bereiche, die einer gewissen Führung bedürfen. Er ist zuständig für Visionen und Handlungsanweisungen,

Abb. 5.1 Der Verwalter/
Verstand

arbeitet mit Glaubenssätzen und Paradigmen, stützt sich auf vermeintliche Gewissheiten und scheinbar unumstößliche Wahrheiten. Er hat die Vorstellung von der „Alternativlosigkeit" in die Welt gebracht, neigt auch darin dazu, sich festzubeißen, zu konzentrieren.

Aus Sicht der übrigen Belegschaft ist dieser Verstand oft abgehoben und realitätsfern, wie eben Management auch in der Wirklichkeit gelegentlich vorkommt oder wahrgenommen wird.

Das Management ist oft auf Reisen und kümmert sich nicht um die laufenden Geschäfte. Stattdessen reisen die Gedanken in die Vergangenheit, um sich über verpasste Gelegenheiten zu ärgern oder das eigene Fehlverhalten zu bedauern. Oder die Gedanken sind in die Zukunft geschwebt, um dort vermeintlich lauernde Gefahren sorgenvoll zu hofieren.

Das Management liebt Kennzahlen, Bewertung, den einfachen Nenner, die Idee von „Gut" und „Schlecht", jeweils in Abbildung unter dem Aspekt Nützlichkeit, und stets bezogen auf die eigene Perspektive, selbst bei vermeintlich altruistischem Handeln. Auch vermeintliche Großzügigkeit erfolgt dort aus taktischen Erwägungen, und sei es nur zur Selbstbeweihräucherung.

Der Verwalter ist geprägt von „Entweder-oder", also der Entscheidung. Ein „Sowohl-als-auch" wird tunlichst vermieden, oder gilt als fauler Kompromiss. Der Verwalter möchte Eindeutigkeit und hat so seine liebe Not mit Ambivalenzen.

Diese Eigenschaften sind nicht so negativ, wie sie zunächst klingen. Sie sind unbedingt erforderlich, oft sogar überlebenswichtig. Ist ein Ziel vorhanden, so ist dieses Management am besten in der Lage, für eine Zielerreichung zu sorgen.

Viele Menschen setzen das sehr viel umfassendere Bewusstsein mit dem Verstand gleich, und sehen darin die Repräsentanz ihrer Identität. Das, was uns als Menschen ausmacht, bleibt jedoch größtenteils im unbewussten Verborgenen. Unser Bewusstsein ist eine ganz kleine Spitze, die aus dem Meer des Unbewussten herausragt. Wie auch im richtigen Leben sind Manager ziemlich wichtig, jedoch nicht der einzige Unternehmensfaktor, auf den es ankommt. Es gibt noch andere Mitarbeiter.

5.4.2 Der Hausmeister (Macher)

Der Hausmeister kümmert sich um die Infrastruktur, das bedeutet: um unsere grundlegenden Bedürfnisse. Neigungen und Triebe fallen in sein Zuständigkeitsbereich. Er entspricht unserem Bauch (Abb. 5.2). Dort ist der Sitz von Angst, Unbehagen, dem Empfinden von Verlust oder Schmerz, der Sucht und des Verlangens.

Der Hausmeister macht einen wertvollen Job und sorgt dafür, dass wir uns selbst nicht vernachlässigen. Er möchte, dass wir alles bekommen, was wir brauchen, und dass es uns gut geht.

Allerdings ist er ein wenig nachtragend. Er merkt sich alle angenehmen und unangenehmen Erlebnisse. Kommen wir in eine Lebenssituation, die ihn an ein vergangenes Erlebnis erinnert, das sehr emotional belegt war, dann belebt er diese Situation erneut, unabhängig davon, ob es wirklich passt. Passiert dann etwas, was ihn an die damalige Situation erinnert, so reproduziert er die damals erlebten Gefühle, in der besten Absicht, uns zu helfen. Das sind die im Abschn. 4.3 „Emotionale Trigger" geschilderten Knöpfe, die unwillkürlich zu einer gewissen Verhaltensautomation führen.

Verwalter und Hausmeister befinden sich ständig im Kampf miteinander, als ob beide unterschiedliche Interessen hätten. Vielleicht liegt es daran, dass beide unterschiedliche Vorstellungen davon haben, was wir gerade brauchen.

Abb. 5.2 Der Hausmeister/Bauch

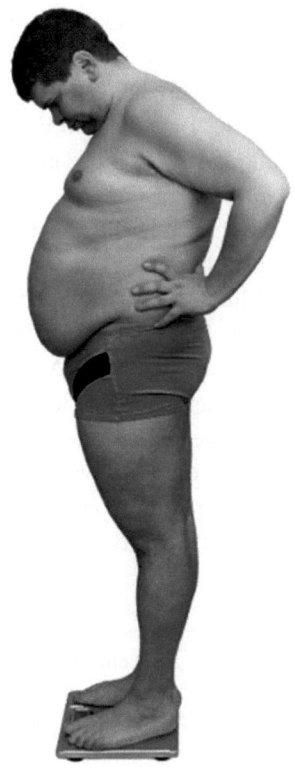

Der Hausmeister wird vom Verwalter als „Schweinehund!" beschimpft und revanchiert sich seinerseits durch Gemütszustände, die Managementansätze des Verwalters aushebeln, dem es danach kaum gelingt, geplante Vorhaben, beispielsweise gute Vorsätze, auszuführen. Dabei sollten beide am gleichen Strang ziehen.

5.4.3 Der Eigner

Der Eigner repräsentiert unser Herz (Abb. 5.3). Seine Aufgabe wäre es eigentlich, sich um seinen Besitz zu kümmern. Da er das oft vernachlässigt, fehlen Verwalter und Hausmeister die Instruktionen, die Richtlinien. Nur er kann dem gesamten Unternehmensgebäude den Sinn stiften und die grundsätzliche Ausrichtung vorgeben. Tut er das nicht, verhält sich der Verwalter so, als ob ihm das gesamte Unternehmen gehört. Mangels eigener Leitbilder orientiert er sich an fremden Geschäftsmodellen, die oft nicht zu der optimalen Ausrichtung des eigenen Unternehmens passen.

Die Aufgabe des Eigners ist es, die Unternehmensvision zu erarbeiten, und zwar so, dass der Verwalter im Rahmen dieser Parameter managen, und der Hausmeister einen voll funktionierenden Betrieb gewährleisten kann.

Der Eigner ist also zuständig für Eingebungen, Intuition, überraschende Einfälle und plötzliche Erkenntnisse. Er erkennt, wann der „Knoten geplatzt" ist. Er steuert erhellende und wegweisende Informationen bei, die für einen Unternehmenserfolg ausschlaggebend sind. Niemand kennt Zweck und Funktion des Unternehmens – von uns als Person – besser als dieser Eigner.

Er steuert höhere Empfindungen bei, die weder der Verstand durch seine Fantasie, noch der Bauch durch Erinnerung auslösen kann: Erhabenheit, Faszination/Begeisterung, Heureka, tiefe Glücksgefühle, im fortgeschrittenen Stadium auch gesunde Ehrfurcht und wahrhaftige Demut[1].

Richtig oder falsch stellt der Eigner in einer völlig anderen Qualität fest als der Verwalter, sprich Verstand, dazu in der Lage wäre.

Eine Sinnstiftung kann nur vom Eigner ausgehen oder wahrgenommen werden.

Aus Sicht der Intuition, also des Eigners, ist der Bauch ein wenig zu konservativ. Er vertritt die gesamten Ängste und unangenehmen Erfahrungen, die wir in unserem Leben gesammelt haben. Er fürchtet sich vor Neuem, Ungewohntem.

Im Gegensatz dazu pirscht der Verstand manchmal kopflos voran, einer wirren Idee folgend, die erfolgversprechend scheint. Er hat aufgeschnappt, dass das so sein soll und für andere funktioniert hat, und möchte das auch haben. Der Verstand ist bequem und denkfaul. Wir nennen das manchmal „ökonomisch".

---

[1] Hier nicht als weinerliches Selbstmitleid, als das sie oft missverstanden wird (Stichwort: demütigen), sondern als tief empfundenes Gefühl, ein kleines, aber funktionales Teil eines sehr viel größeren Gesamten zu sein, ebenso erfüllt zu sein von seiner Aufgabe.

Abb. 5.3 Der Eigner/Das Herz

Einzig die Intuition verfügt über die Qualität für gute und nachhaltige Entscheidungen. Dies ist ein Punkt, den es noch zu belegen gilt, wenn es darum geht, diese Intuition praktisch einzusetzen.

„Die Gewinner von morgen werden die sein, die das Spielfeld der Gefühle beherrschen" (Bill Clinton).

5.5 Unterschied zwischen Intuitionstechniken und Mentaltechniken

Wir sind sehr stolz darauf, einen mächtigen Verstand zu besitzen, den wir durch lebenslange Gedankenarbeit trainiert haben. Wir haben die Illusion, so ziemlich alles verstehen zu können, vorausgesetzt es interessiert uns und wir investieren ausreichend Aufmerksamkeit und Mühe. Daher liegt es nahe, alle Probleme zunächst mit den Werkzeugen des Verstandes zu lösen. Eines dieser Werkzeuge ist die Mentaltechnik, die vor einigen Jahrzehnten zunächst in der Sportpsychologie eingeführt wurde.

Sportler, die diese Techniken frühzeitig einsetzten und zur Wirkung brachten, waren ihren noch herkömmlich trainierenden Konkurrenten damals eindrucksvoll überlegen. Heutzutage dürfte es so gut wie keinen erfolgreichen Spitzensportler geben, der nicht massiv Mentaltraining einsetzt. Inzwischen gehen wir davon aus, dass der Sieg bereits im Kopf entsteht, also in erster Linie mental errungen wird. Inzwischen haben Mentaltechniken eine gewisse Geltung im Management- und Persönlichkeitstraining errungen.

Mentaltechniken versuchen durch entsprechende Verstandestätigkeiten, wie beispielsweise Imagination, dem Unbewussten etwas aufzuprägen, also das unbewusste Verhalten zu beeinflussen. Das Unbewusste soll damit konditioniert werden, um ein gewünschtes Ziel zu erreichen, wie Motivation.

Intuitionstechniken funktionieren grundlegend anders als Mentaltraining. Sie sind aber grundsätzlich genauso einfach zu erlernen. Die größte Hürde ist dabei ein Paradigmenwechsel, ein Umdenken im Kopf. Eine gewisse Lebenserfahrung ist von Vorteil, da unsere Alltagserfahrung viele Gesetzmäßigkeiten enthüllt, die auch auf die Arbeit mit Intuition anwendbar sind. Dabei geht es nicht einfach nur darum, noch schneller und noch einfacher Ziele zu erreichen. Intuition tritt beispielsweise einen Schritt zurück und lässt uns auf einen größeren Zusammenhang blicken. Von dieser erweiterten Perspektive aus erkennen wir erst, welche Ziele überhaupt die richtigen für uns sind, und welche überraschenden Lösungsmöglichkeiten sich ergeben.

Sowohl Mental- als auch Intuitionstechniken sind vielfältig und lassen sich nicht so einfach über einen Kamm scheren. Es gibt aber einen grundsätzlichen Unterschied, den ich als bedeutsam erachte.

Mentaltechniken arbeiten vorwiegend mit Vorstellungen des Verstandes, die dem Unbewussten eingepflanzt werden sollen. Psychologen sprechen auch von Konditionierung. Die Beeinflussung erfolgt dadurch von außen nach innen. Es geht darum, das Innere, das Unbewusste, zu manipulieren, um gewünschte Ergebnisse zu erzielen. Dabei ist der Verstand, bzw. das Bewusstsein, die treibende Kraft.

Im Mentaltraining werden beispielsweise Ziele visualisiert, das bedeutet, möglichst mit allen Sinnen so vorgestellt, dass sie einem Erleben möglichst nahe kommen[2]. Motivationstrainer arbeiten mit Mentaltechnik, oft um den „inneren Schweinehund" zu dressieren, einen imaginären Erfolgsverhinderer. Dabei werden unter anderem Gemütszustände trainiert, die dann auf Abruf stehen sollen, genannt: Anker und mentale Shortcuts. Diese geben in unangenehmen und kritischen Situationen Impulse in Richtung des gewünschten Ergebnisses.

Auf diese Weise erfolgt eine emotionale Zielverankerung, die eine starke Motivation in Zielrichtung erzeugen kann. Ähnliche Methoden benutzt das Motivationstraining, mit der Absicht, dem Teilnehmer einen gewissen Schwung in die gewünschte Richtung zu vermitteln. Das eigentliche Ziel wird mit diesen Methoden nicht untersucht oder infrage gestellt, sondern ist meistens genau vorgegeben. Da sollen Vertriebsleute bessere Verkäufer, und Mitarbeiter zu Höchstleistungen angestachelt werden. Teilweise werden auch Methoden der Autosuggestion verwendet. All diese Techniken zielen darauf ab, das

---

[2]Im Neuro-Linguistischen Programmieren (NLP) wird diese Methode VAKOG genannt (Visuell-Auditiv-Kinästhetisch-Olfaktorisch-Gustatorisch, was die Sinne Sehen, Hören, haptisches Spüren, Geruch und Geschmack ansprechen soll).

Unbewusste zu impfen, das gerne noch verniedlichend als Unterbewusstsein, also dem Bewusstsein untergeordnet, verstanden wird.

Gewissen Formen des Mentaltrainings steht die kognitive Dissonanz entgegen, bei der sich das Eigenempfinden gegen die versuchte Manipulation stemmt. Populärstes Beispiel ist die Spiegelübung aus dem positiven Denken, bei der dem eigenen Spiegelbild gesagt wird: „Ich bin großartig! Ich bin erfolgreich! Ich bin reich, schön und beliebt!". Hier steht oft die eigene Empfindung und Selbstwahrnehmung ganz im Gegensatz zur verfolgten Absicht, die einen inneren Konflikt erschafft und sich dann nicht durchzusetzen vermag.

Mentaltechniken funktionieren dann recht gut, wenn inneres und äußeres Ziel von vornherein übereinstimmen, und im Wesentlichen nur Anlaufschwierigkeiten bestehen. Sportler, deren Herzenswunsch sich mit der beabsichtigten Leistungserzielung deckt, profitieren am meisten von diesen Techniken. Mentaltechniken funktionieren nur bedingt, wenn sich das Ziel fernab vom Herzensziel befindet, oder sogar dazu im Widerspruch steht. Allenfalls können dann kurzfristig Effekte erzielt werden.

Mich erinnert das an eine Erfahrung, die ich mit dem roten Schuco-Auto (siehe Abb. 5.4) meines Onkels machen durfte, eine maßgeblich stark verkleinerte und teilweise funktionsfähige Replikation eines Automobils. Man konnte diesem Auto durch einen Schubs etwas Schwung verleihen, der es dann ein paar Meter bewegte, eigentlich eher stolpernd katapultierte, bevor es von sich aus zum Stillstand kam. Genauso funktioniert Motivation: als äußerer Anstoß, ob durch Schubs oder Zwang, oder durch eine lockende Belohnung.

Man konnte das Fahrzeug jedoch auch auf andere Weise in Bewegung setzen, wie ich als Kind herausfand. Man musste nur mit dem richtigen Schlüssel die eingebaute Feder aufziehen und die Bremse lösen, und schon bewegte sich das Spielzeug ganz von selbst,

Abb. 5.4 Schuco-Autos. (Foto: Wolfgang Meinhard, Hamburg)

mit ganz eigener Anmut, und über eine sehr viel größere Strecke. Es war eine gleichnishafte, doch sehr wohl einschneidende Erfahrung. Denn das ist die Weise, nach der Inspiration funktioniert.

Inspiration erreichen wir nur in Ausnahmefällen mit Mentaltechnik, dann, wenn schon eine gute Zielübereinstimmung vorhanden ist. Denn Inspiration kommt von innen und kann nicht so einfach eingepflanzt werden. Sie muss im Innern des Menschen auf fruchtbaren Boden treffen.

Intuitionstechniken gehen deshalb genau den umgekehrten Weg wie Mentaltechniken: von innen nach außen. Die nicht bewussten Wünsche, Ideen und Erkenntnisse sollen erkannt werden, damit mit dem Verstand angeknüpft und darauf aufgebaut werden kann, auch wenn sich dabei im Einzelfall erweist, dass die betreffende Person ungeeignet für die von außen vorgesehene Zielsetzung ist. Für den Dozenten in einem Unternehmenstraining war dieses Ergebnis früher inakzeptabel, da seine Qualifikation an der Durchsetzung des angestrebten Zieles bemessen wurde. Inzwischen haben viele Unternehmen erkannt, dass es sinnvoller ist, die Stärken der Mitarbeiter zu fördern, als sie in falsche Korsetts zu zwängen.

Mentaltechnik setze ich ein, um mich gezielt zu entspannen, beispielsweise, wenn ich einschlafen möchte, abends, oder wenn ich kurzfristig der Erholung bedarf.

▶ Ein mental induzierter Powerschlaf ist ein Neustart fürs Bewusstsein.

In wenigen Minuten kann damit eine Frische und Ausgeglichenheit erzielt werden, die normalerweise einer sehr viel größeren Ruhephase entspricht.

Kombiniert mit Intuitionstechniken können sehr viel nachhaltigere Ergebnisse erzielt werden, als mit Mentaltechnik alleine. An dieser Formulierung erkennen Sie bereits, dass ein Zusammenwirken beider Vorgehensweisen sinnvoll ist. Genau genommen entsprechen sie wiederum der Aktivität der linken oder rechten Gehirnhälfte, die im gemeinsamen Wirken am leistungsfähigsten sind.

In meinen Trainings habe ich recht gute Erfahrungen damit gemacht, Mental- und Intuitionstechniken zu kombinieren. Mittels Mentaltechniken können wir es stark erleichtern, in einen intuitiven Modus zu gelangen. Damit wird es möglich, beispielsweise gezielt Fragen an das Unbewusste zu stellen.

Literatur

Spiegel. (2016). Siehe Spiegel-Online vom 16.12.2016. http://www.spiegel.de/karriere/emotionen-so-vermeiden-sie-gefuehlsausbrueche-im-buero-a-1125765.html.

Intuition in der Praxis 6

Intuition lässt sich aus meiner Sicht schon sehr umfassend erschließen, auch wenn Angebote hierzu noch nicht an jeder Straßenecke zu finden sind. Begleiten Sie mich nun auf einem kleinen Ausflug durch die diversen Spielarten der Intuitionstechniken.

6.1 Grundlegende Annahmen

Intuitionsarbeit beruht auf einer Reihe von Annahmen, auf deren Basis Ziele und Methode entwickelt werden. Diese Annahmen lauten wie folgt:

- Das latente Wissen in uns ist weit größer, als die Menge des Wissens, auf die wir durch bewusstes Erinnern zurückgreifen können.
- Dieses latente Wissen entsteht durch die Eindrücke zahlreicher Sinne, die überwiegend direkt ins Unbewusste fließen, dort aufbereitet, sortiert und eingeordnet werden.
- Das Unbewusste sendet uns Impulse, Einfälle und Hinweise, die manchmal als Geistesblitze wahrgenommen werden.
- Es existiert ein unbewusster Prozess, der unsere Aufmerksamkeit steuert. So dringen regelmäßig Wahrnehmungen ins Bewusstsein, die aufgrund bestimmter Kriterien für uns interessant oder gerade wichtig sind.
- Der Verstand arbeitet linear, das Unbewusste parallel. Durch diese Parallelisierung steht eine extrem hohe Verarbeitungsleistung zur Verfügung, die im Hintergrund arbeitet.
- Wir können dem Unbewussten gezielt Aufgaben stellen, die auf Grundlage der umfassenden Wissensbasis und unter Einsatz der enormen Verarbeitungsleistung gelöst werden.
- Bei einem optimalen Zusammenwirken spielt der Verstand die leitende, das Unbewusste die durchführende Rolle.

- Es gibt vernünftige Ansätze, anzunehmen, dass insbesondere Menschen, aber auch Naturlebewesen wie Tiere und Pflanzen in gewisser Weise untereinander vernetzt sind. So ist es denkbar, dass auf dieser Ebene ein Informationsaustausch stattfindet, der ein tiefes emotionales Verständnis, auch über Grenzen der Natur hinaus, ermöglicht. Hinweise sind mögliche innige Beziehung zu Tieren, sowie der berühmte grüne Daumen im Zusammenhang mit Pflanzen.
- Der Ausbau der intuitiven Fähigkeiten führt zu einem vertieften Verständnis von Mensch und Natur.
- Wenn wir der inneren Stimme folgen, so leben wir gesünder, nach eigenen Maßstäben erfolgreicher, glücklicher und erfüllter.

Diese Liste ließe sich nahezu endlos erweitern, da Intuition viele Aspekte enthält, die als zu selbstverständlich erscheinen, um sie extra aufzuführen. Nehmen Sie diese Liste als Inspiration für eigene Gedanken.

6.2 Ziele der Intuitionsarbeit

Intuitionsarbeit zielt darauf ab, mit sich selbst, mit anderen Menschen und den Anforderungen des Lebens besser zurecht zu kommen. Es ist das Streben nach mehr Sinnhaftigkeit, nach Ausgleich, Selbstverwirklichung und Erfüllung des Daseins, das den Wunsch nach einer intuitiveren Lebensweise nährt.

Intuition ermöglicht die vertiefte Ergründung von Bedeutung. Dies ist ein entscheidender Faktor bei der Entscheidungsfindung. Gerade Lebensentscheidungen sollten nicht vorwiegend mit dem Verstand, sondern intuitiv getroffen werden. Ein prominentes Beispiel ist die Wahl des Lebenspartners. In diesen Bereichen ist es besonders wichtig, die Bedürftigkeit aus dem Bauch, sowie das reine Wunschdenken aus dem Verstand zu erkennen und zu unterscheiden von der Empfindung des Herzens. Eine Entscheidung aus der reinen Empfindung des Herzens ermöglicht am ehesten eine gute und nachhaltige Entscheidung. Fehlt die Zustimmung aus dem inneren Empfinden der Intuition, erfolgt also eine Entscheidung aus Wunschdenken oder Bedürftigkeit, so basiert diese Entscheidung von Anfang an auf einem faulen Kompromiss, der mittel- und langfristig zum Scheitern führt. Ziel der Intuitions-Arbeit ist es, die Entscheidungsfindung maßgeblich zu unterstützen.

Ein weiteres wichtiges Ziel ist die Stärkung der Lösungskompetenz. Ob man die Idee von der universellen Bibliothek aufgreifen mag oder nicht, allein der im Laufe des Lebens unbewusst angesammelte Wissensschatz birgt oft eine Fülle von Lösungsalternativen, die durch bewusstes Tun nicht erschließbar sind. So ist die Genialität stets ein Produkt der Intuition, das es oft unmöglich macht, den Prozess der Lösungsfindung auch nur ansatzweise nachzuvollziehen.

Um es auf einen Nenner zu bringen:

▶ Wir nutzen Intuition, um Genialität zu produzieren.

6.3 Methoden der Intuitionsarbeit

Die Methoden zur Erzielung von Intuition sind inzwischen sehr vielfältig. Eigentlich ist nichts weiter notwendig, als den Verstand, der normalerweise auf volle Sendeleistung eingestellt ist, in den Empfangsmodus zu versetzen. Wir tun das regelmäßig, indem wir einfach vor uns hinträumen. Mich erreichen regelmäßig Impulse über die Intuition, während ich unter der Dusche stehe, oder in der Badewanne liege, beides Zustände der Entspannung, auch in gedanklicher Hinsicht.

Andere Menschen haben ihre besten Einfälle dann, wenn sie Sport betreiben, fernsehen oder ein Buch lesen. Vielleicht haben Sie schon mal erlebt, dass Sie einen Abschnitt lesen aber nicht ganz bei der Sache sind, weil plötzlich interessante Gedanken auftauchen. Das Lesen geht zwar im Hintergrund weiter, der Verstand ist beschäftigt, aber Sie erinnern sich nicht an das Gelesene. Wenn es Ihnen dann gelingt diese Einfälle in geeigneter Form festzuhalten, können Sie nachprüfen, welche Beute Ihnen ins Netz gegangen ist.

In der Intuitionsarbeit werden bestimmte Formen der Meditation genutzt. Auch Yoga kann dazu zum Einsatz kommen. Bei der Meditation geht es nicht speziell um Gedankenleere, Achtsamkeit oder Entspannung, sondern um eine gezielte Abfrage unter Zugrundelegung einer bestimmten Fragestellung. Diese meditative Arbeit erfolgt in einem leicht hypnagogen Zustand, also in einer Art selbst induzierter Trance, ein Zustand, in dem man besonders aufnahmefähig ist für Impulse aus dem Unbewussten.

Eine Einstiegstechnik ist die Gedankenreise, die selbst oder als geführte Meditation erlebt werden kann. Man begibt sich dabei in der Vorstellung an eine besonders förderliche Umgebung und lässt dann die Gedanken treiben. Dieser Zustand der Absichtslosigkeit erinnert an die Betrachtung eines Kinofilmes, bei der man emotional involviert ist, jedoch nicht die Handlung beeinflusst. Es ist also so, als ob man einen Film betrachtet, der aus dem Unbewussten projiziert wird.

Die nächste Stufe der Intuitionsarbeit erfolgt dann nicht mehr im Wachbewusstsein, sondern in Schlafzuständen. Bereits in kurzen Schlafphasen, wie beispielsweise dem Powernapping, ist Intuition möglich. Ähnlich wie beim Fischen wird vor der Schlafphase ein Köder ausgeworfen, dies in Form einer gesetzten Absicht, beispielsweise die Antwort auf eine bestimmte Frage zu finden. Die Antwort besteht meist aus einem kurzen Impuls, der sich über einen mitschwingenden Gefühlseindruck entschlüsseln lässt. Manchmal lassen sich aus diesem kurzen Impuls komplette Geschichten entwickeln.

Eine besondere Form der Intuitionsarbeit wird durch bewusste Traumphasen ermöglicht, die sogenannten luziden Träume. Alice Grinda ist eine der Experten, die sich der Traumarbeit verschrieben hat (Grinda). Dieser besondere Traumzustand ermöglicht die bewusste Einflussnahme auf den Traumverlauf mit theoretisch grenzenlosen Möglichkeiten, wenn es nicht den Einfluss der unbewussten Glaubenssätze und Beschränkungen gäbe. Aber genau deshalb ist dieser Zustand besonders geeignet, diese Begrenzungen zu erfahren und zu untersuchen, schließlich auch zu überwinden. Gerade jüngere Menschen, die das luzide Träumen entdeckt haben, bevorzugen zunächst diese Form der Selbstverwirklichung.

Alle bis hierhin beschriebenen Formen der Intuitionsarbeit liefern entweder einen kurzen Einfall oder Impuls, oder, im Falle der Trancearbeit oder der Arbeit unterhalb des Wachbewusstseins, eine Art lineare Traumsequenz, genannt Erfahrungsraum. Ein wenig gleicht dieses Erleben dem Betrachten eines Filmes, zumindest solange es gelingt, in diese Rezeption nicht durch eigene Gedanken hineinzupfuschen. Erfahrungsräume aus der Intuition sind Sequenzen, die üblicherweise stark emotional besetzt sind, wobei für den Durchführenden die Herausforderung besteht, sich in der Nachbereitung nicht nur an die Bilder, sondern auch an die Gefühlsinformation zu erinnern und diese festzuhalten. Diese Gefühlssignatur enthält einen großen Teil der Information und sollte nicht unterschlagen werden.

Besonders herausfordernd, wie auch umstritten, ist die nachfolgende Stufe der Intuitionsarbeit: die Arbeit in der Außerkörperlichkeit. Dabei entsteht der Eindruck, den Körper und dessen beschränkende Einflüsse hinter sich zu lassen. Ob damit der Körper wirklich verlassen wird, bleibt dahingestellt. Entscheidend ist, dass diese Form der Intuitionsarbeit sich grundlegend von den anderen Formen unterscheidet. Hier wird keine Filmsequenz mehr abgespielt, die einen Betrachtungspunkt voraussetzen würde. Ein Objekt wird in diesem Zustand sofort verstanden und komplett durchdrungen, was einer gleichzeitigen Betrachtung von allen Seiten, ebenso von innen heraus, entspricht. Dieses Erkennen ist nur als universell beschreibbar und mit einem unvergleichlichen Glücksempfinden verbunden. Allerdings kehrt sich dieses Glücksempfinden meiner Erfahrung nach um, sobald wieder in das Alltagsbewusstsein gewechselt wird. Dies liegt daran, dass dieses beglückende und allseitige Verständnis nur extrem bruchstückhaft ins Wachbewusstsein gerettet werden kann, also fast vollständig verloren geht. Anschließend werden die Einschränkungen eines körpergebundenen Bewusstseins, mit der starken Fokussierung, sprich Eingrenzung, als besonders stark empfunden, was zu großer Trauer und einer tief empfundenen Demut führt. Trotz dieser Einschränkung sind diese außerkörperlichen Erfahrungen unschätzbar wertvoll, weil sie einen unvergleichlichen Beitrag zur Sinnfindung und Richtungsweisung im Leben leisten können.

All diese Formen der Intuitionsarbeit setzen eine gewisse Intensität, vielleicht sogar Besessenheit voraus. Einen wesentlichen pragmatischeren und alltagstauglicheren Ansatz lehrt die Schweizer Intuitionsexpertin Eva Otth: Intuitionsarbeit im Alltag (Otth). Der intuitive Erfahrungsraum entsteht dabei nicht in Trance oder Traum, sondern unmittelbar in der Wirklichkeit. Dabei werden Alltagserfahrungen ähnlich wie Träume gedeutet, zusammen mit den begleitenden Empfindungen. Vorteil dieser Form der Intuitionsarbeit ist, dass sie sich nahtlos in den Alltag integrieren lässt und keinerlei Präparation oder zusätzlichen Aufwand erfordert. Vielleicht kommt diese Methode dem Idealzustand am nächsten, Intuition einfach permanent im Alltag einzusetzen.

Hier noch eine wichtige Anmerkung: Die Verwendung psychotroper Substanzen zur Erzielung gewünschter Bewusstseinszustände lehne ich ab.

6.4 Intuition nach dem Serendipitätsprinzip

In vielen Bereichen des Lebens stoßen wir, wie man so sagt, zufällig auf Erkenntnisse. Die Wissenschaft nennt diese dieses Phänomen das Serendipitätsprinzip. Es gibt zahlreiche Beispiele, dass die Suche nach dem einen zu einer anderen Sache führte, die manchmal noch interessanter und noch wertvoller war, als ursprünglich beabsichtigt.

So begann die Entdeckung von Penicillin, dem ersten Antibiotika, mit einem kompletten Fehlschlag. Der Viagra zugrunde liegende Wirkstoff war ursprünglich zur Behandlung von Herzbeschwerden vorgesehen. Was für einen Fehlschlag, als seltsame Nebenwirkungen auftraten, die eine ganz andere Körperregion betrafen. Findigkeit wandelte diesen Fehlschlag um in einen großen kommerziellen Erfolg.

Serendipität bedeutet, dass der glückliche Zufall unerwartete und reichhaltige Früchte serviert. Wer dann den gedeckten Tisch übersieht und weiterzieht, weil er etwas völlig anderes erwartet, der hat das Nachsehen.

Um das Serendipitätsprinzip nutzen zu können, ist eine gesunde Neugier und eine gute Portion Aufmerksamkeit erforderlich. Darin und in der intelligenten Schlussfolgerung besteht auch die eigentliche Leistung der Entdecker, eigentlich Erkenner, dieser Zufallsfunde.

Bei der Intuition ist es ganz genauso. Viele Impulse aus dem Unbewussten prasseln tagtäglich auf uns ein. Wenn der Verstand gerade mit etwas anderem beschäftigt ist, so bleibt diese innere Stimme meist ungehört. Intuition funktioniert demnach teilweise nach diesem Serendipitätsprinzip.

Da der Verstand nicht die Aufgabe hat, den ganzen Tag zu warten und zu schweigen, gibt es einen wirkungsvollen Mechanismus, der Intuitionsnachrichten ankündigt. Es ist vergleichbar mit dem Klingeln eines Mobilfunkgerätes. Ein emotionaler Impuls, der uns wach rüttelt und signalisiert, dass jetzt plötzlich etwas Wichtiges kommt, geht der Eingebung voraus. Es ist Übungssache, diesen Impuls wahrzunehmen, und darauf zu reagieren.

Wenn also plötzlich etwas unsere Aufmerksamkeit weckt, ein Moment unerklärlichen Interesses an scheinbaren Nebensächlichkeiten entsteht, dann sind wir gut beraten, diesem Impuls zu folgen. Es könnte sein, dass wir auf der Spur sind, die Entdeckung unseres Lebens zu machen.

Technisch erklären, falls so etwas überhaupt notwendig ist, lässt sich das dadurch, dass in den Wahrnehmungsfiltern im Unbewussten ein interessantes Fundstück aufgetaucht ist, das nun an das Bewusstsein weitergereicht wird, zur weiteren Untersuchung.

Der größte Teil der Intuitionsarbeit besteht darin, diese Impulse aus dem Unbewussten zu bemerken und die Botschaft zu empfangen und in der Erinnerung festzuhalten. Die bewusst zugänglichen Erinnerungen werden offenbar in einem anderen Bereich gespeichert, als Informationen im Unbewussten. Deshalb ist es auch so wichtig, nachdem wir aus einem Traum aufgewacht sind, die Traumeindrücke sofort gedanklich zu wiederholen oder, besser noch, gleich niederzuschreiben. Die Eindrücke entstammen einem anderen Teil unseres Selbst und verflüchtigen sich schon nach kurzer Zeit, wenn sie nicht, durch Wiederholung, in den Hirnspeicher des Tagesbewusstseins kopiert werden.

Wir träumen in einem anderen Bereich als dem, an dem sich unser Bewusstsein tagsüber befindet. Im anderen Bereich gelten völlig andere Regeln. Am extremsten wirkt sich der Unterschied im Zeitverlauf aus. Vielleicht haben Sie schon bemerkt, dass wir in der Lage sind, umfangreiche Episoden zu träumen, während in der sogenannten Realität verhältnismäßig wenig Zeit vergeht, oft nur wenige Minuten. Realzeit ist viel langsamer und erheblich träger als Traumzeit, so als ob gewisse Bereiche in unserem Unbewussten von den Begrenzungen der Materie, sprich Hardware, unabhängig sind.

Die Erfahrungen mit diesen und anderen Effekten haben mich zu der Überzeugung gebracht, dass unser wahres Ich sehr viel bedeutsamer und umfangreicher ist als unser Tagesbewusstsein, das nur den Eindruck erweckt, Sitz der Persönlichkeit zu sein.

Die Bedeutsamkeit und die Zweckmäßigkeit der inneren Stimme erstaunen mich immer wieder. Sie ist weit mehr als ein Navigationssystem, das ja nichts weiter kann, als ein gewünschtes Ziel anzusteuern. Die innere Stimme trägt bereits entscheidend dazu bei, das richtige Ziel auszuwählen. Natürlich gehört Erfahrung dazu, die innere Stimme zu erkennen, und sie von anderen Einflüsterungen und Befindlichkeiten zu unterscheiden.

6.5 Einzelbeispiel für Intuitionsarbeit

Die Intuitionsarbeit ist vielfältig. Ein Beispiel aus der Praxis könnte die Vorstellung erleichtern, wie Intuitionsarbeit möglich ist. Dies ist kein Lehrbuch, daher ist das Beispiel zwar geschildert, nicht jedoch didaktisch aufbereitet.

Wir haben erfahren, dass das Unbewusste erheblich mehr Kapazität verfügt als unser Bewusstsein. In der Wirtschaft würde man sagen, das Unbewusste hat mehr Manpower als das Bewusstsein.

In einem Vergleich wird dies deutlicher. Stellen Sie sich vor, Sie sind Vorsitzender eines großen, börsennotierten Unternehmens. Dabei ist es unerheblich, auf welcher Karrierestufe Sie tatsächlich stehen. Ob Sie Angestellter sind, Selbstständiger, Unternehmer, Führungskraft oder vielleicht tatsächlich im Vorstand einer Aktiengesellschaft: Stellen Sie sich vor, Sie haben die Verantwortung über Hunderttausende von Mitarbeitern. Der Vorstandsvorsitzende der Bahn oder der Telekom beispielsweise hat so eine Verantwortung. Von Ihren Entscheidungen hängt das Wohl aller Mitarbeiter und natürlich auch des Unternehmens ab. Es ist völlig klar, dass Sie in so einem Unternehmen, anders als ein Selbstständiger, nicht alles selbst tun. Sie delegieren Aufgaben an Mitarbeiter, Fachabteilungen und/oder Unternehmenszweige. In unserem Beispiel sind Sie das Bewusstsein des Unternehmens. Dieses Beispiel ist ein sehr brauchbarer Maßstab für die Größenverhältnisse zwischen Bewusstsein und Unterbewusstsein.

Entscheidend ist nicht, dass das Bewusstsein im Vergleich zum Unterbewusstsein so klein ist. Bedeutsam ist der Umstand, dass es mit dem bin Unterbewusstsein unglaubliche Ressourcen zur Verfügung stehen. Der Vorsitzende unserer gedachten AG fühlt sich üblicherweise nicht klein oder unbedeutend angesichts der schieren Masse an Menschen, die im Unternehmen arbeiten.

Unser Denkmodell hat sehr viele Gemeinsamkeiten mit dem Unbewussten. In der AG entscheidet der Vorstand, letztendlich der Vorsitzende. Dieser Vorstand besteht aus den Verantwortlichen der einzelnen Fachbereiche, beispielsweise dem Ressort Finanzen, Personal, Vertrieb, Produktion usw. Wir können uns auch unser unbewusstes so vorstellen, dass die einzelnen Bereiche durch ein Vorstandsmitglied vertreten werden.

Nehmen wir an, es geht darum, eine bedeutsame Lebensentscheidung zu treffen. Wir bilden diesen Entscheidungsvorgang ab auf unsere imaginäre Aktiengesellschaft und sehen uns an, wie dort die Entscheidungen getroffen werden. Abgesehen von den sogenannten einsamen Entscheidungen erfolgt die Entscheidungsfindung großer Gesellschaften im Gremium. Lassen Sie uns das beispielhaft tun:

Sie, als Vorstandsvorsitzender, erläutern die Aufgabe und bereiten die Entscheidungsfindung vor. Sie tragen einem fiktiven Expertengremium alle Fakten vor, die Ihnen vorliegen. Zusätzlich betonen Sie, was Ihnen besonders wichtig ist. Falls entscheidende Fakten aus der Außenwelt erforderlich sind, so haben Sie diese vorher eingeholt, beispielsweise Preis, Bedingungen und Umstände. Nun liegt alles vor, was zur Entscheidungsfindung verfügbar war, auch wenn nicht alle relevanten Faktoren geklärt werden konnten. Nun soll eine Entscheidung unternehmensintern erfolgen.

Jetzt kommt der wesentliche Punkt und ein bedeutsamer Aspekt der Intuitionsarbeit: Sie delegieren die weitere Entscheidungsvorbereitung an Ihr Expertengremium. Sie delegieren vollständig und wirksam. Das bedeutet, dass Sie vorgeben, wann Sie ein Zwischenergebnis möchten, oder wann Ihnen ein Endergebnis vorgelegt werden soll.

Danach warten Sie ab. Sie fragen nicht ständig nach, wie weit das Projekt zur Entscheidungsvorbereitung fortgeschritten ist. Sie gedulden sich bis zum vereinbarten Termin. Übertragen auf Intuitionstechnik bedeutet dies, dass Sie bis zum Termin nicht mehr an die Fragestellung denken, nicht grübeln, sich nicht damit befassen. Nur dann kann Ihr Unbewusstes, respektive Ihr Expertengremium, ungestört arbeiten.

Lassen Sie sich überraschen, welche Ergebnisse diese Technik bringt.

Literatur

Grinda, A. siehe https://aliceimwachtraumland.com/about/.
Otth, E. schreibt gerade ein Buch zum Thema „Intuitionsarbeit im Alltag", zur Person. http://tri-o.ch/atemhypnose-evaj.html.

7   Ausblick der Intuitiven Kompetenz

Ich gehe davon aus, dass Intuitionstechniken sich schon in wenigen Jahren allgemein etabliert haben werden, mit entsprechend großer Bereicherung unseres Alltagslebens. Letztendlich geht es darum, das verlorene Erbe vergangener Zeiten wieder einzufordern. Es ist davon auszugehen, dass der Neandertaler oder andere Urmenschen über eine erheblich höhere *Intuitive Kompetenz* verfügt haben, als es uns heute möglich ist. Denn durch die einseitige Hirnnutzung hat sich auch die Hirnphysiologie verändert und erschwert uns heute den Zugang zur Intuition.

Das Tor ist jedoch noch so weit offen, dass Intuition für jedermann erschließbar bleibt, so er denn möchte.

So ist davon auszugehen, dass Early Adopters eher früher, konservative Menschen eher später oder vielleicht gar nicht auf den fahrenden Zug der Intuition aufspringen werden. So oder so: Die Welt wird sich verändern, weil dieser Fortschritt, so wie in vielen anderen Bereichen, einfach nicht mehr aufzuhalten ist.

Und das ist auch gut so.

7.1   Wie würde sich die Gesellschaft verändern?

Ab und zu werde ich gefragt, wie ein Zuwachs an intuitiver und emotionaler Kompetenz unsere Gesellschaft verändern könnte.

Das würde voraussetzen, dass es einem nennenswerten Teil der Bevölkerung gelänge, beide Gehirnteile einigermaßen ausgeglichen zu verwenden. Sie würden dann nicht nur über einen brauchbaren Verstand, sondern auch über eine ebenso nutzbringende Intuition verfügen, und dabei emotional erwachsen sein, also eine Ausgeglichenheit besitzen, die heute noch allgemein unbekannt ist.

Diese Menschen wären sehr viel eigenständiger als es heute durchschnittlich der Fall ist. Das überwiegend zum Kommerz affine Verhalten der heutigen Massen würde sich stark verändern, die Menschen wären kommerzautarker. Sie würden nicht mehr so stark auf vage Heilsversprechen der Werbeindustrie hereinfallen, die bislang plump suggerieren möchten, dass beispielsweise ein gewisses Deodorant unwiderstehlich macht. Zwar gibt es auch heute Menschen, die diese Vorspiegelungen durchschauen, ihnen aber trotzdem unterschwellig nachhängen. Es könnte ja etwas dran sein.

Viele substituierende Käufe, sogenannte Frustkäufe, würden wegfallen, weil die Menschen von sich aus erspüren, was sie wirklich wollen und was sie tatsächlich brauchen. Damit verändert sich das Konsumverhalten sehr stark. Die Menschen wenden sich ab vom Status des Verbrauchers und entwickeln sich hin zum Nutzer, dem auch Werte wie Nachhaltigkeit und Effektivnutzen wichtig sind. Statussymbole verlieren damit ihren Rang und an Bedeutung, wie alle Bestrebungen, die nur auf eine glänzende Fassade abzielen. Denn vielen Menschen gelingt es dann immer besser, die Oberflächlichkeit zu durchschauen und den wahren Kern einer Person oder Sache zu erkennen. Nicht mehr Perfektion ist dann das Maß aller Dinge, sondern die Besonderheit des Authentischen wird in weit höherem Maß geschätzt und als vollkommen akzeptiert. Dies befreit viele Menschen von dem Druck, sich nach nahezu unerreichbaren Vorgaben oder Vorbildern zu richten.

Der reine Besitz einer Sache wäre dann nicht annähernd so erstrebenswert, wie es heute noch der Fall ist. Im Vordergrund steht dann die Nutzung, sowie der Zugewinn an Freiheit und Flexibilität durch Vermeidung anhaftenden Besitzes. Diese Aspekte sind bereits heute ansatzweise realisiert, beispielsweise beim Carsharing, werden sogar in einer weiterentwickelten Gesellschaft an Rang gewinnen.

Die Menschen bezahlen mittlerweile sehr viel lieber ein wenig für die Nutzung einer Sache, als einen größeren Betrag für deren Besitz. Die Sammelwut, sich Bücher, CDs oder DVDs in die Schrankwand zu stellen, klingt ab. Die Menschen reduzieren ihre Abhängigkeit von Dingen und wenden sich hin zu erfahrbaren und lebbaren Werten.

Der zwischenmenschliche Umgang wird sich dadurch in Zukunft sehr stark verbessern und ist von Wohlwollen und Wertschätzung geprägt, nicht mehr einer starken Nützlichkeitsbetrachtung unterworfen. Die Kommunikationsfähigkeiten steigen enorm, da die Menschen dann im Gespräch nicht nur einfach ihren Text loswerden wollen, sondern an echter, wechselseitiger Kommunikation interessiert sind, sich Menschen gegenseitig zuhören, Impulse aufnehmen, sie gemeinsam lernen und sich weiterentwickeln. Die Gesprächsinhalte entwickeln sich weg vom Small Talk, hin zu mehr Substanz und zu einer verbesserten Konfliktfähigkeit, die dabei stets wertschätzend und lösungsorientiert bleibt.

Diese Veränderungen in der Gesellschaft würden durch absehbare technologische Entwicklungen unterstützt. In einer Welt, in der materielle Dinge einfach an einem 3-D Drucker repliziert werden können, verliert der Besitz von Materiellem an Rang. Insgesamt wendet sich die Gesellschaft sehr stark ab vom Materiellen, hin zu Inhalten, Erlebnissen und Bedeutung.

Die Individuen dieser ausgeglicheneren Gesellschaft werden wieder in der Lage sein, die Verantwortung für sich und ihre unmittelbare Umgebung zu tragen. Dies würde bedeuten, auch die Verantwortung für die Impulse zu tragen, die an andere Menschen weitergegeben werden. Im Abschn. 1.7 (Druck im Kessel) wurde geschildert, wie heute Aggression und Eskalation zu einer Erhöhung des Drucks im Kessel beitragen. Das Wirken der intuitiv kompetenten Menschen würde diesen Druck sehr stark vermindern.

Gewalt und Kriminalität würden sehr stark zurückgehen. Durch *Intuitive Kompetenz* bildet sich allmählich eine natürliche Ethik aus. Menschen, die heute noch nicht die Verantwortung für ihr Tun tragen können, müssen derzeit noch über Gesetz und Strafe diszipliniert werden. Zukünftig wäre jeder Einzelne fähig, sich stärker als Teil des Ganzen zu begreifen und eine entsprechende Verantwortung der Gemeinschaft gegenüber auszuüben. Eine Disziplinierung wäre dann nicht mehr erforderlich.

Insgesamt würden wir auch gesünder leben, da die Essgewohnheiten stärker von Frustrationen abgekoppelt wären, die Wirkung der Nahrungsmittel unmittelbarer erspürt, sowie die segensreiche Wirkung körperlicher Betätigung früher nachempfunden werden kann, als in dem jetzigen, dafür emotional unempfindlicher gemachten Geisteszustand.

Viele Menschen gehen schon intuitiv in diese Richtung. Sie reduzieren ihr Besitztum auf wenige Stücke des täglichen Lebens und geben damit ihrem Leben nicht die äußere Form, wie sie derzeit gelebt wird, sondern Substanz und Inhalt.

Ja, so eine Welt wäre zwar noch nicht ganz das Paradies auf Erden, doch ein großer Schritt in die richtige Richtung.

7.2 Was könnte Intuition für Sie bedeuten?

Vielleicht können Sie es nun ansatzweise nachvollziehen: *Intuitive Kompetenz* führt zu einem höheren Wohlbefinden, besserer Entspannung, gesteigerter Wahrnehmung, einem ausgedehnteren Bewusstsein, einem besseren Durchblick, Empathie und Charisma steigern sich. Wir erkennen gebotene Chancen besser, haben sehr viel mehr Einfälle, ein verlässliches Bauchgefühl, häufige Geistesblitze, unsere allgemeine Lebenskompetenz steigt. Kurz: Das Leben wird immer sonniger.

Stellen Sie sich vor, was dann möglich wäre, für Sie persönlich, Ihre Familie, Ihr Unternehmen, Ihre Mitarbeiter, mit schon ein wenig mehr intuitiver Kompetenz.

7.3 Schlussbemerkung

Dieser kleine Ausflug in die Disziplinen der Intuition zeigt, dass es sich dabei um ein riesiges Betätigungsfeld handelt, das wohl in der Zukunft noch weit umfassender durchdrungen werden wird. Der teils leistungsmäßige Einsatz von Intuition soll nicht abschrecken. Ich vergleiche das gerne mit dem Sport. Dort gibt es viele Profis, die ihre Fähigkeiten in erstaunlicher Weise weiter entwickelt oder trainiert haben. Für den Hausgebrauch, den Eigenbedarf, genügt eine sportliche Betätigung, die nicht annähernd diese Intensität und diesen Ehrgeiz erfordert.

Intuition muss nicht als Leistungssport betrieben werden, schon in einer moderaten Nutzung liegen bereits unschätzbare Vorteile, die mit wenig Aufwand erschlossen werden können.

Ein Amateursportler spürt schon nach kurzer Zeit ein gesteigertes Wohlbefinden, eine höhere Spannkraft, eine bessere Fitness. Als Amateursportler der Intuition werden Sie in anderen Bereichen ähnliche Effekte erzielen, letztendlich mehr Erfüllung im Leben gewinnen.

Diese Entfaltung Ihres Seins wünsche ich Ihnen von Herzen.

Wenn Sie Ihre Emotionen bewusst nutzen wollen und erfolgreicher, glücklicher leben wollen, dann halten Sie mit diesem Buch einen Schlüssel dazu in der Hand.

Ich wünsche Ihnen viel Freude und Erfolg damit!

Denn Sie wissen ja: „Gefühl ist nicht alles, aber ohne Gefühl ist alles nichts!"

Über den Initiator der Chefsache-Reihe

Peter Buchenau gilt als der Indianer in der deutschen Redner-, Berater- und Coaching-Szene. Selbst ehemaliger Top-Manager in französischen, Schweizer und US-amerikanischen Konzernen kennt er die Erfolgsfaktoren bei Führungsthemen bestens. Er versteht es wie kaum ein anderer auf sein Gegenüber einzugehen, zu analysieren, zu verstehen und zu fühlen. Er liest Fährten, entdeckt Wege und Zugänge und bringt Zuhörer und Klienten auf den richtigen Weg.

Peter Buchenau ist Ihr Gefährte, er begleitet Sie bei der Umsetzung Ihres Weges, damit Sie Spuren hinterlassen – Spuren, an die man sich noch lange erinnern wird. Der mehrfach ausgezeichnete Chefsache-Ratgeber und Geradeausdenker (denn der effizienteste Weg zwischen zwei Punkten ist immer noch eine Gerade) ist ein Mann von der Praxis für die Praxis, gibt Tipps vom Profi für Profis. Heute ist er auf der einen Seite Vollblutunternehmer und Geschäftsführer, auf der anderen Seite Sparringspartner, Mentor, Autor, Kabarettist und Dozent an Hochschulen. In seinen Büchern, Coachings und Vorträgen verblüfft er die Teilnehmer mit seinen einfachen und schnell nachvollziehbaren Praxisbeispielen. Er versteht es vorbildhaft und effizient ernste und kritische Sachverhalte so unterhaltsam und kabarettistisch zu präsentieren, dass die emotionalen Highlights und Pointen zum Erlebnis werden.

Die von ihm initiierte Chefsache Serie beschreibt wichtige Führungsthemen der sogenannten Ebene 2. Dies sind hauptsächlich die weichen zusätzlichen Erfolgsfaktoren abseits von Umsatz, Finanzen und rechtlichen Gegebenheiten. Als Zielgruppe sind hier Kleinunternehmer, Vorgesetzte und Inhaber in mittelständischen Unternehmungen sowie Führungskräfte in Konzernen angesprochen.

Mehr zu Peter Buchenau unter www.peterbuchenau.de

Springer Gabler

springer-gabler.de

Topaktuelles Wissen für die Praxis

P. Buchenau (Hrsg.)
Chefsache Diversity Management
1. Aufl. 2016, XII, 194 S. 9 Abb., Hardcover
*29,99 € (D) | 30,83 € (A) | CHF 31.00
ISBN 978-3-658-12655-1

P. Buchenau, B. Balsereit
Chefsache Leisure Sickness
Warum Leistungsträger in ihrer Freizeit krank werden
1. Aufl. 2015, XIII, 115 S. 4 Abb., Hardcover
*19,99 € (D) | 20,55 € (A) | CHF 21.50
ISBN 978-3-658-05782-4

P. Buchenau, M. Geßner, C. Geßner, A. Kölle (Hrsg.)
Chefsache Nachhaltigkeit
Praxisbeispiele aus Unternehmen
1. Aufl. 2016, XVIII, 314 S., Hardcover
*29,99 € (D) | 30,83 € (A) | CHF 31.00
ISBN 978-3-658-11071-0

P. Buchenau (Hrsg.)
Chefsache Frauenquote
Pro und Kontra aus aktueller Sicht
1. Aufl. 2016, XII, 204 S. 5 Abb., Hardcover
*29,99 € (D) | 30,83 € (A) | CHF 31.00
ISBN 978-3-658-12182-2

P. Buchenau (Hrsg.)
Chefsache Frauen
Männer machen Frauen erfolgreich
1. Aufl. 2015, XII, 294 S. 23 Abb., Hardcover
*29,99 € (D) | 30,83 € (A) | CHF 32.00
ISBN 978-3-658-07497-5

P. Buchenau (Hrsg.)
Chefsache Frauen II
Frauen machen Frauen erfolgreich
1. Aufl. 2017, X, 291 S. 31 Abb., Hardcover
*29,99 € (D) | 30,83 € (A) | CHF 31.00
ISBN 978-3-658-14269-8

P. Buchenau (Hrsg.)
Chefsache Gesundheit I
Der Führungsratgeber fürs 21. Jahrhundert
2. Aufl. 2017, VIII, 280 S., Hardcover
*29,99 € (D) | 30,83 € (A) | CHF 37.50
ISBN 978-3-658-16579-6

P.H. Buchenau (Hrsg.)
Chefsache Prävention I
Wie Prävention zum unternehmerischen Erfolgsfaktor wird
2014, XIV, 325 S. 48 Abb., Softcover
*29,99 € (D) | 30,83 € (A) | CHF 37.50
ISBN 978-3-658-03611-9

P. Buchenau, D. Fürtbauer
Chefsache Social Media Marketing
Wie erfolgreiche Unternehmen schon heute den Markt der Zukunft bestimmen
1. Aufl. 2015, XIV, 115 S. 33 Abb., Hardcover
*29,99 € (D) | 30,83 € (A) | CHF 32.00
ISBN 978-3-658-07507-1

Jetzt bestellen: springer.com/shop

Ihr Bonus als Käufer dieses Buches

Als Käufer dieses Buches können Sie kostenlos das eBook zum Buch nutzen. Sie können es dauerhaft in Ihrem persönlichen, digitalen Bücherregal auf **springer.com** speichern oder auf Ihren PC/Tablet/eReader downloaden.

Gehen Sie bitte wie folgt vor:
1. Gehen Sie zu **springer.com/shop** und suchen Sie das vorliegende Buch (am schnellsten über die Eingabe der eISBN).
2. Legen Sie es in den Warenkorb und klicken Sie dann auf: **zum Einkaufswagen / zur Kasse.**
3. Geben Sie den untenstehenden Coupon ein. In der Bestellübersicht wird damit das eBook mit 0 Euro ausgewiesen, ist also kostenlos für Sie.
4. Gehen Sie weiter **zur Kasse** und schließen den Vorgang ab.
5. Sie können das eBook nun downloaden und auf einem Gerät Ihrer Wahl lesen. Das eBook bleibt dauerhaft in Ihrem digitalen Bücherregal gespeichert.

EBOOK INSIDE

eISBN
Ihr persönlicher Coupon

Sollte der Coupon fehlen oder nicht funktionieren, senden Sie uns bitte eine E-Mail mit dem Betreff: **eBook inside** an **customerservice@springer.com**.

MIX
Papier aus verantwortungsvollen Quellen
Paper from responsible sources
FSC® C105338

If you have any concerns about our products,
you can contact us on
ProductSafety@springernature.com

In case Publisher is established outside the EU,
the EU authorized representative is:
**Springer Nature Customer Service Center GmbH
Europaplatz 3, 69115 Heidelberg, Germany**

Printed by Libri Plureos GmbH
in Hamburg, Germany